**Studien zur interkulturellen Philosophie**

**Studies in Intercultural Philosophy**

**Etudes de philosophie interculturelle**

**2**

Hrsg. von

## Heinz Kimmerle / Ram Adhar Mall

Amsterdam - Atlanta, GA 1994

# Die Dimension des Interkulturellen

Philosophie in Afrika - afrikanische Philosophie

Zweiter Teil:
Supplemente und Verallgemeinerungsschritte

Heinz Kimmerle

CIP-GEGEVENS KONINKLIJKE BIBLIOTHEEK, DEN HAAG

Kimmerle, Heinz

Die Dimension des Interkulturellen : Supplemente und
Verallgemeinerungsschritte / Heinz Kimmerle. — Amsterdam - Atlanta,
GA 1994 : Rodopi. — (Philosophie in Afrika, afrikanische
Philosophie ; 2. Tl) (Studien zur interkulturellen
Philosophie, ISSN 0928-141X ; Bd. 2)
ISBN 90-5183-694-5
Trefw.: Afrikaanse filosofie.

©Editions Rodopi B.V., Amsterdam - Atlanta, GA 1994
Printed in The Netherlands

# Vorwort

Während im 1. Band der *Studien zur interkulturellen Philosophie* überwiegend Beiträge veröffentlicht wurden, die als Vorträge auf den Symposien der "Gesellschaft für interkulturelle Philosophie" von verschiedenen Autoren gehalten worden sind, wird mit dem 2. Band eine Monographie aus dem Themengebiet dieser Reihe vorgelegt. Wie sich aus der Zusammenstellung von Titel und Untertitel des Bandes unschwer erkennen läßt, geht es erneut um grundsätzliche Fragen der interkulturellen Philosophie. *Die Dimension des Interkulturellen* soll als eine notwendige Dimension der zeitgenössischen Philosophie erwiesen werden. Wenn die Philosophie in dieser Zeit ihre Relevanz nicht verlieren will, wird sie in ihrem Kern interkulturell sein müssen. Das wird indessen nicht als ein abstraktes Postulat aufgestellt. Die Notwendigkeit dieser Dimension ergibt sich vielmehr aus dem Vollzug der interkulturellen philosophischen Arbeit.

Einerseits hat sich für den Verfasser ergeben, daß die europäisch-westliche Philosophie vor Aufgaben steht, die sie von den Voraussetzungen der eigenen Tradition aus nicht zu lösen imstande ist. Es entspricht der allgemeinen Weltlage, daß die Möglichkeiten und Grenzen des Denkens in der europäisch-westlichen Kultur ebensosehr mit dem Austausch und der Wechselwirkung mit anderen Kulturen verflochten sind wie diejenigen des Handelns auf den Gebieten der Wirtschaft, Politik oder Kunst. Das sollte eine Offenheit für andere Kulturen und ihre Philosophien zur Folge haben.

Andererseits führt die Beschäftigung mit den Philosophien anderer Kulturen und der Versuch, mit ihnen in einen Dialog einzutreten, auch von selbst zu der Erfahrung, daß eine Erweiterung dessen entsteht, was zu denken möglich ist. Diese Erfahrung hat der Verfasser in seiner Bemühung um ein erstes Verständnis der *Philosophie in Afrika* bzw. der *afrikanischen Philosophie* und um einen Dialog mit ihr machen können. Selbstverständlich ist es nicht das Ziel, daß willkürliche neue Möglichkeiten des Denkens erschlossen werden, obwohl in der beschriebenen Situation auch bereits das pure Faktum einer Proliferation wichtig sein

6

kann. Es geht auch nicht darum, daß sich unmittelbar für scheinbar unlösbare Probleme nunmehr Lösungsmöglichkeiten ergeben. Eher ist es so, daß die Offenheit für anderes und Neues größer wird, daß es zu einer Steigerung der Inventivität kommen kann, die sich auch der Mittel der eigenen Tradition auf neue Weise bedient. Auf diesem Weg erwächst aus der weiteren Arbeit an der afrikanischen Philosophie die Einsicht in die Notwendigkeit der Dimension des Interkulturellen für das heutige Philosophieren überhaupt.

Dem Trustfonds der Erasmus Universität Rotterdam danke ich für vielfältige Unterstützung der interkulturellen philosophischen Arbeit an dieser Universität, Herrn Fred van der Zee vom Rodopi Verlag für seine Bereitwilligkeit, diesen 2. Band mit seiner spezifischen Problematik in die vorliegende Reihe aufzunehmen.

H. Kimmerle

# Inhalt

# Allgemeine Einleitung

Mein Versuch, ausgehend von einer Beschäftigung mit afrikanischer Philosophie "Annäherungen an einen interkulturellen Philosophiebegriff" zustande zu bringen, hat sich als ein *umstrittenes Projekt* erwiesen. Neben deutlich positiven Rezensionen des Buches *Philosophie in Afrika - afrikanische Philosophie* (Frankfurt a.M. 1991)[1] sind auch eher kritische erschienen[2] sowie zwei radikal kritische[3], die ich - auch wegen erstaunlicher Lesefehler, die wohl durch die große emotionale Betroffenheit der Rezensenten veranlaßt waren - nicht ohne gegenkritische Erwiderung stehen lassen konnte.[4] Das Umstritten-sein des Pro-

---

1 R. Dannemann: *Auf dem Wege zu einer interkulturellen Philosophie.* In: Neue Gesellschaft/Frankfurter Hefte 5 (1992), S. 669/70; P. Bianchi: Ethik und Ästhetik des Fremden, Anderen, Diversen und Parallelen. In: Kunstforum international 122 (1992), S. 83-115, darin: *Kunst und Philosophie als Gegeninstanzen zum Entwicklungsdenken,* S. 90/91; W. Habermeyer in: Widerspruch. Münchner Zeitschrift für Philosophie 11 (1991) Nr. 21, S. 89-92; G. Groot in: Streven, Febr. 1992, S. 464; C.E.M. Struyker Boudier in: Tijdschrift voor Filosofie 54 (1992), S. 562/3; H.R. Schlette in: Orientierung 56 (1992), S. 57.

2 G.R. Hoffmann: *Annäherung an einen interkulturellen Philosophiebegriff.* In: Neues Deutschland, 21. Februar 1992, S. 10; Ders. in: Quest. Philosophical Discussions 6 (1992), Nr. 1, S. 78-83; P. Pels: *De angel van het vreemde. Afrika in de filosofie.* In: Krisis. Tijdschrift voor Filosofie 13 (1993) H.3, S. 90-95; S. Zurbuchen: *Afrikanische Philosophie. Heinz Kimmerles Konzept einer interkulturellen Philosophie.* In: Neue Zürcher Zeitung, 15. Mai 1992, S. 61.

3 Ch. Neugebauer in: Zeitschrift für Afrikastudien Nr. 11/12 (1991) S. 111-114; L. Nauta in: Algemeen Nederlands Tijdschrift voor Wijsbegeerte 85 (1993) S. 194-198.

4 Kimmerle: *Non-Africans on African philosophy. Steps to a difficult dialogue.* In: Quest. Philosophical Discussions 6, Nr 1 (1992), S. 69-77; Ders.: *Philosophischer Dialog und finanzielle Hilfe. Zum Streit über die Relevanz der afrikanischen Philosophie.* Beide Texte (der erste in deutscher Übersetzung) werden unter dem Titel: *Zwischenbetrachtungen* weiter unten in

jekts im ganzen möchte ich indessen positiv bewerten. Es zeigt an, daß
es um relevante Fragen geht, die zur kritischen Diskussion herausfor-
dern. Wenn man die Art der diskutierten Fragen in Betracht zieht, erkennt man, daß die Relevanz sowohl in philosophisch-wissenschaftlicher
als auch in gesellschaftlich-praktischer Hinsicht gegeben ist.

* * *

Das Vorläufige und Lückenhafte der ersten "Annäherungen" an
ein Verständnis afrikanischer Philosophie und des Zustandebringens
eines Dialogs mit ihr wird in dem erwähnten Buch mehrfach hervorgehoben. Insbesondere wird betont, daß die Philosophie der französisch
sprechenden Länder Afrikas und die Bedeutung des Islam zu kurz und
zu vordergründig behandelt worden sind. Deshalb bezieht sich *Supplement 1:* "Senegal und Mali" auf diese Themen. Es bildet eine direkte
Fortführung und Ergänzung des Diskurses, wie er in *Philosophie in
Afrika - afrikanische Philosophie* zu finden ist. Deshalb spreche ich im
folgenden vom Ersten Teil dieses Buches (PhiA I), dem hier ein Zweiter
Teil folgen soll (PhiA II).

Neben der Erörterung philosophischer Probleme im engeren Sinn
finden sich in Supplement 1 Tagebuchaufzeichnungen, Notizen zur Situation der Philosophie und Beispiele der Poesie der betreffenden Gebiete.
Die afrikanische Interpretation der Lehren Mohammeds, die man auch
den "schwarzen Islam" genannt hat, bildet ein eigenes religionsphiloso-
phisches Problem. Der Islam hat die traditionelle Weisheitslehre in Senegal und Mali nachhaltig beeinflußt, obgleich es auch davon
unabhängige Weisheitslehrer gegeben hat (und gibt), wie das Beispiel
Ogotemmêlis zeigt. Die Universitätsphilosophie folgt bisher weitgehend
den in Frankreich herrschenden philosophischen Strömungen und wendet
sich erst neuerdings in stärkerem Maß den eigenen islamisch und nicht-
islamisch geprägten Traditionen zu.

---

diesem Band (S. 153-168) abgedruckt.

* * *

Der afrikanischen Philosophie kann man jedoch nicht gerecht werden, ohne zu berücksichtigen, daß heute eine verhältnismäßig große Anzahl bedeutender afrikanischer Philosophen in den Vereinigten Staaten von Amerika lebt und arbeitet. Um dieses besondere Kapitel afrikanischer Philosophie geht es in *Supplement 2:* "Afrika in Amerika". Wenn es wahr ist, daß die in Paris herausgegebene Zeitschrift "Présence Africaine" in ihrer gewissermaßen verborgenen, nur für Kenner der Materie verständlichen und zugleich den europäischen kulturphilosophischen Diskurs unterminierenden Sprache mehr als 40 Jahre lang (seit 1947) das hauptsächliche Organ afrikanischer Intellektueller in der Diaspora gewesen ist, wird man heute sagen können, daß sich diese Diaspora - noch immer in derselben Art Sprache - vor allem in den USA zu artikulieren sucht.

Von daher gilt es zu fragen: Wie verstehen sich die afrikanischen Philosophen in Amerika? Auf welche Weise können sie - nach ihrem eigenen Selbstverständnis - in der Diaspora weiter an afrikanischer Philosophie arbeiten? Inwieweit verknüpft sich ihre Arbeit mit der theoretischen Artikulation der Situation der schwarzen Bevölkerung Amerikas? Die Behandlung dieser Fragen ist nur möglich, indem diese Philosophen in ihrer spezifischen Situation aufgesucht und zu ihrer Arbeit befragt werden.

* * *

Das Buch von K.A. Appiah *In My Father's House* (London: Methuen 1992) verdient besondere Beachtung, wenn es darum geht, von einer Beschäftigung mit afrikanischer Philosophie aus die "Dimension des Interkulturellen" sichtbar zu machen. Deshalb bildet seine Besprechung das *Supplement 3.* Dieses Buch sucht Antwort zu geben auf die Frage, was es bedeutet, heute Afrikaner zu sein. Da das Gemeinsame der afrikanischen Kultur nicht in der Rasse (der Neger) oder einer sonstwie biologisch bzw. naturwissenschaftlich bestimmbaren objektiven Instanz gefunden werden kann, sieht Appiah sich auf genaue historisch-soziologisch-philosophische Analysen verwiesen. Das Bild auf der Vorder- und Rückseite des Buchumschlages, eine Yoruba-Holzplastik in traditionller Technik, aber mit einem modernen Thema: "Der Mann mit dem Fahrrad", bezeichnet die Situation des Übergangs und des Zwischen, die für Afrikaner heute kennzeichnend ist.

* * *

Mit diesen drei Supplementen soll mein Beitrag zur Erforschung der afrikanischen Philosophie keineswegs abgeschlossen sein. Es wird vielmehr deutlich, daß dieses Projekt gegenwärtig nicht abschließbar ist. *Alles bleibt ein Versuch, ein Anfang, ein Experiment.* Aber gerade die Gespräche in Amerika haben sichtbar werden lassen, *daß die westliche Philosophie des Dialogs mit der afrikanischen ebensosehr bedarf wie umgekehrt.* Die Prozesse der Modernisierung und Europäisierung der Welt und des Lebens rufen Fragen hervor, die von den Voraussetzungen einer Tradition aus nicht mehr zu lösen sind. Die Eigendynamik des technisch-wissenschaftlichen Dispositivs, die Doppelbewegung der Bildung immer größerer wirtschaftlicher und politischer Einheiten und des Zerfallens solcher Einheiten in ethnische Gebiete, die Rationalisierung des Handelns und Denkens in einem umfassenden Sinn und das Aufbrechen und Hervortreten vorrationaler und außerrationaler Kräfte im Menschen und in der Gesellschaft entziehen sich den Deutungsmöglichkeiten der europäisch-westlichen wie auch der afrikanischen oder welcher anderen philosophischen Tradition auch immer. Zusammenarbeit in der Form des Dialogs ist deshalb dringend erforderlich.

* * *

Als Ausgangspunkt und kritischer Bezugspunkt für den Ansatz einer interkulturellen Philosophie wird in der "Abschließenden Überlegung" von PhiA I (S. 235-238) die Philosophie Hegels genannt. Das wird damit begründet, daß Hegel als erster in einem umfassenden Sinn die europäisch-westliche Philosophie als eine Einheit erfaßt hat. Zugleich hat er diese Philosophie konsequent als die einzige bestimmt, die es je gegeben hat und gibt. Sein System der Philosophie wird zurecht als eine Grundlegung der "bürgerlichen Gesellschaft" und des zugehörigen konstitutionellen Staates bestimmt. Man wird es indessen auch als die Grundlegung des kolonialen Denkens bezeichnen können. Vorstufen dazu gibt es bei Kant und in der Aufklärungsphilosophie, z.B. bei Voltaire.

*Verallgemeinerungsschritt 1:* "Hegel und Afrika" beschränkt sich nicht darauf, Hegels Äußerungen über Afrika zu inventarisieren und zu analysieren. Aus der Gesamtheit des Hegelschen Denkens wird zu deuten gesucht, wie diese Äußerungen zu verstehen sind. Ferner wird ein Weg aufgezeigt (von dem hier übrigens deutlich gesagt werden soll, daß er nicht der einzige ist), wie man vom kolonialen Diskurs zu einem Dialog mit der afrikanischen Philosophie auf der Grundlage völliger Gleichheit kommen kann, der als "Annäherung an einen interkulturellen Philosophiebegriff" konzipiert ist. Dieser Weg führt über Marx und Nietzsche, Adorno und Heidegger zu Derrida.

Von den neu geprägten Begriffen der Differenz und der Schrift aus gelangt Derrida zu der Einsicht, daß die europäische Philosophie ethnozentrisch ist. Das gilt für die dominante Linie in dieser Philosophie von Parmenides und Platon über Augustinus und Thomas, Descartes und Leibniz, Locke und Hume bis zu Kant und Hegel. Es gehört zu Derridas Versuch, diese Tradition hinter sich zu lassen, wenn er zeigt, daß auch noch der Rousseauismus von Claude Lévi-Strauss im Gewand des Anti-Ethnozentrismus dem Ethnozentrismus verhaftet bleibt. Sein Bemühen, den Ethnozentrismus wirklich zu vermeiden, bezeichnet eine Öffnung der europäischen philosophischen Tradition, die den Ansatz eines interkulturellen Denkens ermöglicht.

\* \* \*

Für die interkulturelle Philosophie muß van Anfang an gesagt werden, daß diese sich nicht nur als eine weitere philosophische Disziplin versteht, die den übrigen hinzugefügt werden kann. Im. *Verallgemeinerungsschritt 2* wird deutlich gemacht: "Interkulturalität" ist ein Kennzeichen des Philosophierens überhaupt, wenn dieses seine Relevanz nicht verlieren will. Dabei ist zu berücksichtigen, daß das Miteinander und die Vermischung der Kulturen auch innerhalb jeder einzelnen Kultur stattfindet. Indessen darf die wahllose und perspektivlose Vermischung, die als Multikulturalität zu bezeichnen ist, nicht die Oberhand gewinnen. Worum es geht, wird als interkulturelle "Auseinander-setzung" beschrieben.

Der Unterschied zur "Epoche Rousseaus" ist dabei so zu bestimmen, daß nicht mehr alle anderen Kulturen in ihrer Bedeutung durch das Verhältnis zur europäischen zu erfassen sind. In der Vielfalt der Kulturen ergeben sich verschiedene Affinitäten und Gesprächsmöglichkeiten. Der philosophische Dialog zwischen Europa und Afrika, wenn er zustande kommt, ist nur ein Modell für interkulturelle Zusammmenarbeit, dem andere hinzugefügt werden können und sollen, etwa der (schwarz)afrikanisch-arabische Dialog oder eine breitere Auseinandersetzung des Westens mit der asiatischen Philosophie, die sich z.B. von den Niederlanden aus gerade auch auf Südostasien beziehen sollte. Zeitdenken und Zeitbewußtsein im westlich-europäischen und im afrikanischen Denken werden skizziert, um die Schwierigkeiten und die spezifischen Möglichkeiten des interkulturellen Philosophierens beispielhaft hervortreten zu lassen.

* * *

Die Beschäftigung mit der Philosophie einer anderen Kultur, die auf Unterschiede, aber auch auf Gemeinsamkeiten aufmerksam werden läßt, führt dazu, die Frage nach dem Universalismus der Erkenntnis - jenseits des überholten Streits um Universalismus oder Relativismus - von neuen Grundlagen aus zu bedenken. Im *Verallgemeinerungsschritt 3* wird gezeigt: Konkrete Bedingungen des menschlichen Lebens und Überlebens, die universal, das heißt in allen Kulturen dieselben sind, erweisen sich in einem spezifischen Sinn als a posteriori. Als Beispiel dienen die Menschenrechte. Der damit erreichte Allgemeinheitsgrad der verschiedenen Diskurse in PhiA II ist nicht mehr an die Probleme einer bestimmten Kultur bzw. zwischen bestimmten Kulturen gebunden. Das ist ein Anlaß, auf praktische Fragen des interkulturellen Dialogs zwischen westlicher und afrikanischer Philosophie zurückzukommen.

\* \* \*

Dies geschieht im vorliegenden Buch ( PhiA II) durch zwei *Zwischenbetrachtungen.* In ihnen soll der Ort gekennzeichnet werden, an dem die Unternehmung der interkulturellen Philosophie, die von einem Dialog zwischen westlichem und afrikanischem Denken ausgeht, inzwischen angelangt ist. Ein wichtiges Kennzeichen dieser Ortsbestimmung ist offensichtlich das Umstritten-sein des gesamten Unternehmens. Diese Situation wird näher umschrieben, indem einige gegenkritische Argumente gegen die oben genannten radikal kritischen Rezensionen von PhiA I (s. Anm. 3) entwickelt werden. Das emotionale Geladensein der Kritik, auf das bereits hingewiesen wurde, wird etwas genauer analysiert. Die krassen Mißverständnisse, die daraus hervorgegangen sind, werden kurz angegeben. In der *1. Zwischenbetrachtung* wird an Beispielen aus PhiA I aufgezeigt, welche spezifischen (methodologischen und sonstigen) Schwierigkeiten entstehen, wenn man als Nicht-Afrikaner über afrikanische Philosophie zu sprechen und zu schreiben sucht, aber auch welche weitreichenden Möglichkeiten für den Dialog zwischen westlichen und afrikanischen Philosophien bestehen. In der *2. Zwischenbetrachtung* wird deutlich gemacht, daß es für die Relevanz der afrikanischen Philosophie und den Dialog mit ihr ein entscheidender Punkt ist, was dadurch praktisch erreicht werden kann. Einerseits darf man hier keine zu hoch gespannten Erwartungen hegen. Andererseits sollte man die bestehenden Möglichkeiten auch nicht rein quantitativ sehen. Was eine geduldige und konsequente philosophische Arbeit erreichen kann, muß sich zeig:n.

\* \* \*

Das alles fordert dazu auf, *zum Fortgang des Dialogs* über konkrete Fragen der heutigen Philosophie, die für Afrikaner und Europäer gleichermaßen relevant sind, weitere Beiträge zu leisten. Eine solche Frage ist zweifellos diejenige nach einem positiven Wechselverhältnis

erreichen kann, muß sich zeigen.

* * *

Daß die Zusammenstellung der "Supplemente 1, 2 und 3", der "Verallgemeinerungsschritte 1, 2 und 3" und der erneuten "Zwischenbetrachtungen" nicht nur unter dem Titel "Philosophie in Afrika - afrikanische Philosophie. Zweiter Teil" steht, sondern auch unter dem theoretisch weiter ausgreifenden: *Die Dimension des Interkulturellen*, soll heißen, daß damit der philosophischen Arbeit eine Dimension hinzugefügt wird, die deren gesamtes Erscheinungsbild verändert. Das wird durch diese beiden Afrika-Bücher, PhiA I und II, nicht mit einem Mal geschehen, und es ist auch nicht die Absicht, daß es ein für allemal geschehen soll, sondern als ein Prozeß, der bereits im Gange ist und der weitergeht.

Die Umwandlung der Philosophie zu einer in sich selbst interkulturellen Unternehmung wird auch deshalb nicht als ein einmaliger, klar zu überblickender Prozeß vor sich gehen, weil die interkulturelle Dimension selbst äußerst vielfältig ist. Vielfalt wird auf diese Weise zu einem konstitutiven Element des Philosophierens. Das zeigt sich u. a. in der Auflösung der folgenden Gegensatzpaare: Einerseits wird die "Epoche Rousseaus" überschritten, andererseits bleibt dessen "Logik der Supplemente" ein methodisch weiterführender Leitfaden. Das Problem des empirisch begrenzten Relativismus der Kulturen, die sich als fremde und doch aufeinander bezogene begegnen, macht die Alternative: Universalismus - Relativismus überflüssig. Weder das grundsätzliche Verstehen-können der Hermeneutik noch das völlige Scheitern der Zuwendung zum anderen erscheint als angemessen. Vielmehr geht es darum, die Vielfalt zu bejahen und sich philosophisch im "Zwischen" der Kulturen anzusiedeln, ohne die eigene, von der man ausgeht, ganz hinter sich lassen und die fremden, denen man sich nähert, ganz erreichen zu können.

# Supplement 1

## Senegal und Mali

*Zum Einfluß des Islam auf die afrikanische Philosophie*

### Einleitung

Im Ersten Teil meines Buches über "Philosophie in Afrika - afrikanische Philosophie" habe ich auf einige Beschränkungen hingewiesen, die mit dieser ersten Darstellung verbunden sind. Dazu gehört, daß die französisch-sprachigen Länder Afrikas unterrepräsentiert sind und daß der Einfluß des Islam auf das afrikanische Denken nicht genügend ausgearbeitet ist. Diese Mängel oder diesen weißen Fleck auf meiner Landkarte der afrikanischen Philosophie möchte ich durch dieses Supplement soweit wie möglich beseitigen. Auf einer vierwöchigen Reise im Sommer 1992, für die ich dankenswerterweise einen Zuschuß der "Vereniging Trustfonds Erasmus Universiteit Rotterdam" erhielt, habe ich Senegal und Mali besucht und mit Vertretern der Philosophie-Départements in Dakar und in Bamako gesprochen.

In einem Jahr der Dürre kann man diese Länder nicht bereisen, ohne beständig daran erinnert zu werden, daß in der Sahel-Sudan-Zone, insbesondere in ihrem östlichen Teil (Somalia, Äthiopien und nördliches Kenia) große Hungersnot herrscht und täglich viele Menschen sterben. Der Gedanke drängt sich auf, daß sich diese Zone wie eine Schmerzlinie quer über den afrikanischen Kontinent erstreckt. In Senegal ist trotz erschwerter Bedingungen die ökonomische Lage stabil. Mali, das deutlich ärmer ist, auch wenn es entlang des Niger-Flusses viel fruchtbares Land gibt und hier in diesem Jahr ausreichend Regen fiel, beginnt sich erst langsam von den Folgen der marxistisch geführten Diktatur Traorés zu erholen, der 1991 gestürzt wurde. Aber auch hier haben die Menschen zu essen.

Ferner muß man sich von vornherein darüber im klaren sein, daß der Islam, wie sehr er auch in manchen Gebieten als etwas Eigenes, Afrikanisches akzeptiert wird, mit einer sich überlegen fühlenden Klasse

und Sklavenhändlern dorthin gekommen ist. Auch die Ausbreitung durch
den Djihad (heiligen Krieg), in seinen grausamsten Formen unter dem
Fulbe-Führer El Hadj Omar im vorigen Jahrhundert, und die heutige
Verbindung zwischen Fundamentalismus, Gewalt und Terror dürfen
nicht vergessen werden. Krieg, Gewalt und Terror bleiben, was sie sind,
auch wenn sie im Namen Allahs verübt werden. Schließlich gilt es zu
bedenken, daß im Sudan seit langem ein Bürgerkrieg herrscht zwischen
dem islamischen Norden und dem christlichen Süden und daß ähnliche
Konflikte auch in anderen Sahel-Ländern vorkommen.

        Am Département de Philosophie der Université Cheikh Anta Diop
in Dakar studieren etwa 300 Studenten. Nach zwei Jahren erhalten sie
das Diplôme Universitaire Elémentaire des Lettres (DUEL). Und am
Ende des insgesamt vierjährigen Studiums sind sie Maître en Lettres -
Section Philosophie. Neben eigentlich philosophischen sind auch Vorle-
sungen und Seminare über Soziologie und Psychologie obligatorisch. In
Bamako an der Ecole Normale Supérieure gibt es ein Département de
Philosophie, Psychologie et Pédagogie (PPP). In den ersten beiden Jah-
ren werden alle drei Fächer unterrichtet; und es gibt etwa 110 Studenten.
Im dritten und vierten Jahr kann man sich spezialisieren; etwa 20 Stu-
denten wählen Philosophie. Nach erfolgreichem Examen erhalten sie das
Diplôme de Professeur de Lycée, das dem Maître-Titel gleichgestellt ist.

        Insbesondere in Bamako ist die Situation für den akademischen
Unterricht und auch für die Absolventen sehr schwierig. Es gibt außer
den Gesammelten Werken von Marx, Engels und Lenin kaum Bücher,
und die Räume sind in einem katastrophalen Zustand. Die Studenten, die
laut Studienordnung zweimal ein Jahr wiederholen dürfen, versuchen
durchweg, davon auch Gebrauch zu machen, um zwei Jahre länger im
Genuß des Stipendiums zu bleiben. Arbeitsmöglichkeiten nach dem Studium, d.h. freie Stellen als Philosophie-Lehrer auf der Sekundarstufe der
höheren Schulen gibt es so gut wie überhaupt nicht.

        Mitglieder des Département PPP haben aktiv an der Beseitigung
der marxistischen Diktatur mitgewirkt. Zwei der Philosophie-Professoren
sind im Kabinett von Alpha Oumar Konaré zu Ministern berufen: Issa
N'diaye, der afrikanische Philosophie doziert hat, und M. Lamine Traoré,
der die Fächer Gegenwartsphilosophie und Geschichte der Religionen

vertreten hat. Dies hat immerhin zur Folge, daß jetzt jüngere Dozenten nachgerückt sind.

Der Einfluß des Islam scheint in Senegal stärker zu sein als in Mali. In beiden Ländern gibt es neben islamischen Weisheitslehrern auch "sages" der alten Weisheit. Dabei können sich beide Weisheitstraditionen auch überschneiden. Indessen kann es zu merkwürdigen Informationslücken kommen. Ein Buch über Tierno Bokar, den islamischen Weisheitslehrer von Bandiagara (einem berühmten Ort im Gebiet der Dogon), das in Paris erschienen ist, kann man in Senegal selbst in Supermärkten kaufen, während es in Mali weitgehend unbekannt ist.

In beiden Ländern habe ich wichtige afrikanische Philosophen kennen gelernt, die in französischer Sprache unterrichten und publizieren, deren Namen ich bei meinen Besuchen in englisch-sprachigen afrikanischen Ländern nicht begegnet bin. Umgekehrt konnte ich feststellen, daß auch herausragende englisch-sprachige Autoren wie Bodunrin, Wiredu oder Gyekye in Senegal und Mali nicht bekannt sind. Dieses Kommunikationsdefizit wird jedoch von den Beteiligten deutlich als solches erfahren, so daß sich in diesem Punkt in der Zukunft hoffentlich etwas ändern wird.

Die Sprachbarriere hat mir selbst einige Schwierigkeiten bereitet, da meine Französich-Kenntnisse zu gering sind. Deshalb bin ich Ank Reinders, meiner Freundin, die mich auf dieser Reise begleitet hat, sehr dankbar, daß sie ständige Hilfe bei der Übersetzung geboten hat.

Im Sommer 1992

Dieses Supplement 1 ist im Stil und in der äußeren Aufmachung dem Ersten Teil des Buches über afrikanische Philosophie (PhiA) völlig angeglichen. Selbstverständlich kann und muß die Arbeit an diesem Thema weiter ausgebaut und vertieft werden. Zwei weitere Supplemente und drei Verallgemeinerungsschritte, sowie 2 erneute Zwischenbetrachtungen am Ende dieses Bandes werden hier folgen.

**Tagebuchaufzeichnung**
»Noch immer Anfängerprobleme«

Dakar, 5.7.1992

Das Hotel "Novotel" in Dakar liegt (mit seiner Rückseite) direkt an der "Route de la Corniche", die auf dem Cap Vert entlang der Küste verläuft. An unserem ersten Vormittag können wir, meine Begleiterin und ich, es nicht lassen zu tun, was man in Afrika niemals tun soll: einfach ein Stück über die Steiluferstraße schlendern und die wechselnde Aussicht genießen. Kaum haben wir das Hotel verlassen, bieten uns zwei junge Männer Armbänder an. Sie lassen sich nicht wegschicken und suchen einen Vorwand, dicht neben uns zu gehen, indem sie die Bügelfalte meiner Hose vor meinem Knie befühlen. Darüber werde ich ernsthaft verärgert und sie gehen weg.

Eine Treppe führt hinunter zur Steiluferstraße, rechts davon blühen die wunderbarsten rosa und lila Blüten an Sträuchern und links liegt allerlei Abfall und Gerümpel. Auf der halben Treppe holt uns jemand ein, der uns warnt, auf dieser Straße könne meine Tasche gestohlen werden. Wir gehen trotzdem weiter.

Unten auf der Straße bleibt ein Mann bei uns stehen, der sehr freundlich aussieht und uns für unseren Aufenthalt in Senegal alles Gute wünschen will. In dem langen Gewand der Mohammedaner, dem großen "Boubou", wirkt er sehr festlich gekleidet. Nach weiteren hundert Metern sprechen uns erneut zwei junge Männer an. Sie stellen sich als Künstler vor, schenken mir ein ledernes Amulett mit einer Kaurimuschel und meiner Begleiterin einen goldglänzenden Anhänger für eine Kette. Dann erzählt einer von ihnen, daß am Nachmittag sein jüngstes Kind getauft werden soll. Er habe bereits vier Liter Buttermilch in die See gegossen, damit sein Baby immer gut trinken könne. Von uns erbittet er einen typisch holländischen Gegenstand, der bei der Taufe dem Kind gegeben werden könne. Zufällig hat meine Begleiterin ein 2 1/2 Gulden-Stück mit dem Bild der Königin in der Tasche. Das wollen sie jedoch nicht, denn es könne nicht gewechselt werden. Wortreich ändern sie die Strategie und fragen um Geld, für das sie Reis kaufen wollen, der beim

Tauffest zu unseren Ehren gegessen werden soll. Als wir darauf bestehen, kein Geld bei uns zu haben, sondern dies erst im Hotel holen zu
müssen, lassen sie von uns ab, freilich nicht bevor wir die kleinen Gegenstände, das Amulett und den Anhänger, zurückgegeben haben.

Nach der Beendigung des "Spaziergangs" sitzen wir am
Schwimmbad des Hotels. Einige Fragen kommen auf: In welches der
vielen Gesichter Afrikas haben wir jetzt geblickt? Wie ist die Mischung
aus Freundlichkeit und Aggressivität zu deuten? In welchem Sinn
schwingt in dem aggressiven Moment eine Antwort mit auf hunderte
von Jahren europäischer Kolonialherrschaft? Oder sind dies ganz
gewöhnliche Großstadtphänomene in ihrer afrikanischen Version?

### Notiz

Diallo und Diallo: Gespräche mit einem Dozenten und einem Studenten
in Dakar

Diallo ist einer der Namen, die in Senegal viel vorkommen,
ähnlich wie Diop, Ndaye, Mbaye, Sow, Ndaw oder Kane. Ein Student,
der Präsident des Clubs der Philosophie-Studenten von Dakar, und der
Dozent für afrikanische Philosophie, mit denen ich am 10.7.1992, einen
Tag vor dem moslemischen Neujahrsfest, ausführlich gesprochen habe,
heißen beide so: der erstere Saliou und der letztere Massaër Diallo. Die
Gespräche kreisten um das spannungsreiche Verhältnis zwischen Philosophie und Islam.

Die Organisation des Philosophie-Unterrichts in Senegal stimmt
weitgehend mit derjenigen überein, die in Frankreich üblich ist. Das hat
historische Wurzeln in der Kolonialzeit, spricht aber auch für die Aus-
strahlung, die von der französischen Philosophie weiterhin ausgeht. Die
große Bedeutung, die Hegel lange Zeit in Frankreich gehabt hat, seit
Kojève und Hyppolite, sowie die strukturalistische Marxinterpretation
Althussers spiegeln sich in den Vorlesungen und in den Themen der
"Mémoires", das sind die schriftlichen Examensarbeiten der Studenten.

Dieser Sachverhalt erklärt, warum der Einfluß des Islam, der im
Leben und Denken der Senegalesen sehr groß ist, nicht bis in die uni-
versitäre Philosophie durchdringt (bis jetzt nicht). Dabei spielt auch eine

Rolle, daß die islamischen Gelehrten in arabischer Sprache ausgebildet werden und die Unterrichtssprache in der Philosophie französisch ist. Der Dekan des Département de Philosophie, Ousseynou Kane, und der Professor für Epistemologie, Souleymane Bachir Diagne, der zugleich Direktor der Zeitschrift "Episteme" (Revue sénégalaise d'histoire, sociologie, philosophie des sciences et techniques) ist, bestätigen jedoch, daß noch in diesem Jahr das Fach Religionsphilosophie eingeführt werden soll. Diagne, der selbst einen Kaftan trägt, wird dieses Fach zusammen mit Kollegen des Département für Arabische Sprache und Literatur dozieren.

Neben Epistemologie, Logik, Allgemeine Philosophie, Moralphilosophie, Ästhetik und Geschichte der Philosophie gibt es seit einigen Jahren in zunehmendem Maß das Fach afrikanische Philosophie. S. Diallo zeigt uns ein Buch: *Les philosophes africaines par les textes* (hrsg. von S. Azombo-Menda und M. Enobo-Kosso. Dakar 1978; Die afrikanischen Philosophen in Texten), das im vierten Jahr des Philosophie-Studiums (l'année maîtrise) in diesem Fach benutzt wird. Die Auswahl der Textfragmente (mit Fragen) ist historisch angelegt (von Amo bis Hountondji), erscheint aber insofern als einseitig, als mit der Ausnahme eines Artikels von Odera, H.O. (sic!) keine Übersetzungen von Texten in englischer Sprache aufgenommen sind. M. Diallo beklagt diese Einseitigkeit, zumal sie in Senegambia, das französisch und englisch als offizielle Sprachen kennt, nicht notwendig wäre. Er ergänzt, daß er in seinen Veranstaltungen auch größere Textzusammenhänge gebraucht. So habe er im letzten Jahr Kagames "Ontologie der Bantu" mit den Studenten kritisch analysiert, um zu zeigen, daß hier der Bantu-Philosophie ein aristotelisch-scholastisches Begriffssystem unterlegt wird (vgl. PhiA I, Philosophische Probleme II).

Innerhalb der afrikanischen Philosophie wird auch die Philosophie der "sages" besprochen. Bei ihnen handelt es sich nach den Worten des Dozenten um Weisheitslehrer, die häufig nicht als solche erkennbar sind - eingeweiht in mystische Traditionen oder nicht - und zuweilen erst nach ihrem Tod zu "sages" erklärt werden (darin den Heiligen der katholischen Kirche vergleichbar). M. Diallo selbst arbeitet an einer Thèse (Dissertation) über Kocc Barmafal, einen "sage Sénégalais" aus dem 18.

Jahrhundert. Die methodischen Schwierigkeiten, aus kolonialen und anderen indirekten Quellen die Lehren dieses "sage" zu erschließen, in der überwiegend mündlichen Überlieferung einen philosophischen Text dingfest zu machen, weiß er eindrucksvoll zu schildern.

Die Gespräche führen auch auf die Frage, in welchen Fällen islamische Gelehrte oder auch Marabuts als "sages" betrachtet werden können. Als eine herausragende, sehr populäre Gestalt wird Amadou Hampaté Bâ beschrieben, der sich zu dieser Frage geäußert hat. Er habe selbst nicht nur die Weihen eines traditionellen "sage" erhalten, sondern auch die christliche Lehre und den Islam durchaus studiert. Eines seiner Bücher über seinen islamischen Lehrer: *Vie et enseignement de Tierno Bokar. Le sage de Bandiagara* (Paris 1980. Leben und Lehre Tierno Bokars. Der Weisheitslehrer von Bandiagara) sei in Dakar in vielen Supermärkten erhältlich.

S. Diallo berichtet von der großen Bedeutung islamischer Bruderschaften (confrèries) in Senegal, die sich zum Teil von der offiziellen Lehre entfernen und einen schwarzafrikanischen Islam entwickeln. Das berühmteste Beispiel seien die "Mouride", deren Bruderschaft von Cheikh Amadou Bamba M'Backé (1850-1927) gestiftet wurde. Ihr Zentrum befinde sich in Touba (knapp 200 km östlich von Dakar). "Khalife actuel: Serigue Saliou M'Backé". Eine andere Bruderschaft: "Tidjaniya", die von El Hadj Malick Sy in Algier gegründet worden ist, habe auch in Senegal und in Mali viele Anhänger.

Beide Diallos können aus persönlichen Kontakten bestätigen, daß sich unter den leitenden Mitgliedern der Bruderschaften "sages" befinden. S. Diallo erzählt, daß neben vielfacher in Sprichwörtern zusammengefaßter Weisheit non-verbale Einflußnahme und Kommunikation bei diesen "sages", insbesondere bei den Marabuts, eine große Rolle spielt.

Schließlich geht M. Diallo noch auf die Thesen Cheikh Anta Diops ein, die von dessen Schüler Théophile Obenga in dem Buch: *Afrique Noire et monde méditerranéen dans l'Antiquité* (Dakar 1976; Schwarzafrika und die Mittelmeerwelt in der Antike) weiter entwickelt worden sind. Er hält es für eine mögliche Hypothese, die auch durch Forschungen von Leo Frobenius gestützt wird, der an sehr verschiedenen

Orten in Afrika übereinstimmende Figuren und Konzeptionen gefunden
hat (*Kulturgeschichte Afrikas*. Zürich 1933), daß die ursprünglich ägyptischen Weisheitslehren aus der Zeit von 1500 vor unserer Zeitrechnung
in Afrika diffundiert und tradiert worden sind, wobei die praktischen
Wege der Verbreitung noch näher untersucht werden müßten. (Vgl. PhiA
I, Philosophische Probleme XVII.)

Wie der Islam wird diese Weisheitslehre in sehr viel früherer Zeit
auf Handelswegen und entlang des Nil von Nordafrika ins Innere des
Kontinents gelangt sein. Der Weg entlang der Nord- und Westküste bis
zum Senegalfluß kann ebenfalls eine Rolle gespielt haben. Aber auch
unerwartete Ausbreitung, die an bestimmte Personen gebunden ist,
müsse man als möglich ansehen. M. Diallo nennt das folgende Beispiel:
Abdullah Sibh Yacine, der in Nordafrika zum Islam bekehrt wurde und
eine Pilgerfahrt nach Mekka unternommen hatte, zog sich danach in das
Gebiet um Podor (Nordsenegal) zurück. Dort entstand ein Kern islamischer Mission, die sich seit 1041 in nördliche Richtung vorgearbeitet
hat. Erst sehr viel später kehrte sich diese Bewegung um; in der Berber-
siedlung Timbuktu entstand die berühmte islamische Gelehrtenschule
und Bibliothek, von wo aus dann in südliche und südwestliche Richtung
missioniert wurde.

Zum Bild des Islam in Senegal ergänzt Diagne später, daß neben
den Bruderschaften in neuerer Zeit auch fundamentalistische Strömungen
stark an Boden gewinnen. Beide Strömungen werden von ihm als regi-
onalistisch und universalistisch gegeneinander abgegrenzt. Die regional
orientierten Bruderschaften seien von der Kolonialverwaltung bevorzugt
worden, weil sie keine konkurrierende übergreifende Instanz darstellten.
Diese historische Tatsache spiele heute den universal ausgerichteten
Fundamantalisten in die Hand. Freilich bleibe die Grundtendenz in Senegal bruderschaftlich. "Es gibt hier beinahe keinen Moslem, der nicht
einer Bruderschaft angehört", sagt Diagne wörtlich.

## Philosophische Probleme

*Afrikanische Moslems, Marabuts, Weisheitslehrer*

Die Einflüsse des Islam auf die afrikanische Philosophie sind bisher wenig ins Blickfeld getreten. Das hat seine Gründe sicher auch in der Tatsache, daß die islamischen Gelehrten in den Gebieten südlich der Sahara in arabischer Sprache miteinander diskutiert und geschrieben haben. Die alte Weisheitslehre wurde indessen in den einheimischen Sprachen formuliert und weitergegeben. Die akademische Philosophie in Dakar, Bamako, Abidjan und an anderen Orten bediente und bedient sich fast ausschließlich der französischen Sprache. Auf diese Weise sind die Einflüsse des Islam, die im subsaharischen Afrika von großer Bedeutung sind, in der Philosophie nicht (oder noch nicht) zur Diskussion gestellt worden. Ein erster Versuch, diese Einflüsse zu verdeutlichen, aber auch das Nebeneinander von islamisch beeinflußter und afrikanischer Weisheitslehre, die von solchen Einflüssen nicht berührt worden ist, ins rechte Licht zu stellen, soll im folgenden unternommen werden.

Zu diesem Zweck soll zunächst die Eigenart des Islam im sog. "schwarzen" Afrika kurz umschrieben und auf die charakteristischen Gestalten der Marabuts hingewiesen werden, deren Wirken nicht als solches als philosophisch aufzufassen ist. Nachdem eine islamisch geprägte Weisheitslehre beispielhaft vorgestellt worden ist (die von Tierno Bokar, dem Marabut und "sage" von Bandiagara), werden dann auch andere Weisheitslehren erwähnt, die daneben in demselben Gebiet angetroffen werden (Ogotemmêlis Aufassungen, der ganz in der Nähe von Bandiagara gelebt und gewirkt hat, und die "Lehre vom Keyus", die in Oku im nordwestlichen Kamerun entwickelt worden ist). Zugleich soll dabei die Frage einer Klärung näher gebracht werden, wer die Weisheitslehrer oder "sages" waren bzw. sind. (Der französiche und der englische Ausdruck "sage" läßt offen, ob die betreffenden Personen männlichen oder weiblichen Geschlechts sind. Das deutsche Wort "Weisheitslehrer" steht zugleich für "Weisheitslehrerinnen".)

In Senegal, Gambia und Mauretanien sowie in den Sahel-Sudan-Ländern Mali, Burkina Faso, Niger, Tschad, dem heutigen Sudan, Äthiopien und Somalia, aber auch in den nördlichen Gebieten von Guinea, Sierra Leone, Liberia, Elfenbeinküste, Ghana, Togo, Benin und Nigeria sind die Einflüsse des Islam deutlich spürbar. R.L. Moreau schätzt, daß in Afrika südlich der Sahara insgesamt 31,4 % der Bevölkerung Moslems sind. (Wenn man die arabischen Länder hinzunimmt, sind es 44 %.)[5] Die Intensität, mit der dieser Gottesdienst in diesen Ländern gelebt und praktiziert wird, und seine Einbindung ins afrikanische Denken bilden auf jeden Fall ein wichtiges Kapitel in der Behandlung des Themas: afrikanische Religiosität. Aber auch das Denken im allgemeinen und die darin ausgedrückte Philosophie sind stark von dieser Religion beeinflußt.

Eine adaptierende und modifizierende Übersetzung einzelner religiöser Dokumente in afrikanische Sprachen, ähnlich wie dies in Äthiopien mit christlichen Quellen geschehen ist,[6] hat es im afrikanischen Islam nicht gegeben, weil die religiöse Sprache, insbesondere auch in den schriftlichen Dokumenten, arabisch geblieben ist. J.S. Trimingham hat die Ausbreitung des Islam in Afrika südlich der Sahara, die im 19. Jahrhundert, zeitgleich mit der Kolonisierungswelle in dieser Zeit und kurz vorher eine enorme Schnelligkeit angenommen hat, nicht nur durch die Eroberungszüge unter El Hadj Omar,[7] ausführlich und kenntnisreich beschrieben.[8]

Da es lange Zeit hindurch (vom 11. bis zum 19. Jahrhundert) kaum zu einer Vermischung der mohammedanischen Religion mit älteren afrikanischen Religionen gekommen ist, wählt Trimingham hierfür die Formel eines "Dualismus" oder "Parallelismus" zwischen ihnen.[9] Mit allem Vorbehalt, der gegenüber der Farbbezeichnung

---

5 R.L Moreau: *Africains Musulmans. Des communautés en mouvement.* Paris/Abidjan 1982 (Présence Africaine), S. 16 f.

6 C. Sumner: *The source of African philosophy. The Ethiopian philosophy of man.* Stuttgart 1986.

7 E. Ducourdray: *El Hadj Omar. Le prophète armé.* Libreville/Dakar/Abidjan /Lomé 1983.

8 J.S. Trimingham: *The influence of Islam upon Africa.* Beirut 1968.

9 Ebenda, S. 34.

"schwarz" angebracht ist, kann man indessen seit etwa 1900 von einer Afrikanisierung des Islam, dem Entstehen eines "Islam Noir" sprechen.[10] Trimingham sucht diese Entwicklung durch die Formel zu beschreiben: "Islam --> afrikanische Kultur = Interaktion = schließliche Synthese".[11] Ein Beispiel für die Verbindung von Islam und alter afrikanischer Religion ist die Sitte, ein Kind nach sieben Tagen zu taufen und ihm seinen Namen zu geben. Die Zahl sieben ist in westafrikanischen Religionen so wichtig, weil sie aus drei (für das männliche Geschlecht) und vier (für das weibliche Geschlecht) zusammengesetzt ist. Beide gemeinsam ergeben erst die Einheit und Ganzheit des Menschen, gerade auch des Kindes vor der Beschneidung, dessen Geschlecht in gewissem Sinn noch unentschieden ist.

In dem Prozeß der Afrikanisierung des Islam spielen die Bruderschaften, die in Senegal, aber nicht nur dort, so wichtig sind, eine entscheidende Rolle. Für die Länder südlich der Sahara werden von Moreau vor allem die "Mouride" (gegründet in Touba) und die "Tidjaniya" (gegründet in Algier) näher beschrieben.[12] In der Theorie und Praxis dieser Bruderschaften spielt der Gemeinschaftsgeist der Afrikaner und bestimmte mystische Einstellungen und Praktiken eine große Rolle.

Mamadou Dia sucht zu zeigen, daß der afrikanische Islam, der lange Zeit wie das Christentum der Kolonisierung in die Hand gespielt hat, seit der Entkolonisierung und der Unabhängigkeit der afrikanischen Staaten, wie immer man den Erfolg dieser Entwicklungen beurteilen mag, zu einer emanzipatorischen Kraft geworden ist.[13] Eine christliche Befreiungstheologie, wie sie in Südamerika ausgearbeitet worden ist, gibt es heute vor allem in Südafrika. Gegenwärtig gewinnt in Senegal neben den spezifisch afrikanischen Formen des Islam auch der islamische Fundamentalismus an Bedeutung. Dies wird vor Ort als das Neben-

---

10 V. Monteil: *Islam Noir*. Paris 1964.

11 Trimingham (1968), S. 44.

12 Moreau (1982), S. 165-181; zum Schema weiter unten s. S. 30.

13 M. Dia: *Islam, sociétés africaines et culture industrielle*. Dakar 1975, S. 97f.

einander einer besonderen afrikanischen und einer allgemein universalen
Gestalt dieser Religion gesehen. Für Senegal und andere westafrikani-
sche Länder wird indessen die bleibende überwiegende Bedeutung der
Bruderschaften betont.

        In den Bruderschaften kommt den Marabuts eine große Bedeutung
zu. Nach Moreau sind vor allem deren charismatische Begabungen
wichtig. Auch die direkten Einflüsse verschiedener Formen von non-
verbaler Kommunikation werden hervorgehoben. Diese werden sowohl
in persönlichen Begegnungen erfahren als auch im Zusammenhang des
Auftretens vor größeren Ansammlungen von Menschen und bei der
Ausübung ihrer Leitungsfunktion innerhalb einer Bruderschaft oder
anderer Gemeinschaften. Als Zeugnis ihrer spirituellen Kraft wird regelmäßig von Wunderheilungen berichtet. Neben ihren religiösen Funktionen treten die Marabuts häufig auch erfolgreich im politischen und
ökonomischen Leben auf. Die vielfachen Elemente, die in der Gestalt
der Marabuts zusammenkommen, hat Moreau wie folgt schematisch
dargestellt:


                              Koran
                    Sufismus = Wissen
                              +Macht
        Afrikanische                          Zeitgeschichte
        Gesellschaft
                              Weisheit
        Einweihung            Lehre
        Heilung          geistliche Leitung
        Chefrolle            Wunderheilung      Kolonialverwaltung
                         kämpferische Haltung   Geschäftsleben
                                                    Politik


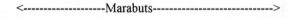
<-------------------Marabuts---------------------------->


        Die islamische Mystik (der Sufismus) muß demnach neben dem
Koran als Basis für den Marabutismus gelten. Seit dem 13. und 14.

Jahrhundert hat es in der Geschichte des Islam immer wieder Zeugnisse dieser Frömmigkeitsrichtung gegeben, bei der man davon ausgeht, daß der Mensch die geoffenbarte Lehre des Koran auch in sich selber finden kann. Die Weisheitslehre ist indessen eher ein untergeordnetes Element, das neben zahlreichen anderen eine Rolle spielt. Deshalb wird nicht jeder Marabut ein Weisheitslehrer und nicht jeder islamische Weisheitslehrer ein Marabut sein.

Diese Abgrenzung und die Charakteristik eines islamischen Weisheitslehrers soll an dem Beispiel Tierno Bokars weiter verdeutlicht werden. Dieser "sage" (1875-1938), der viele Kinder und Jugendliche in der Lehre des Koran unterrichtet hat, wird von seinem Schüler und Biographen A. Hampaté Bâ gelegentlich auch als Marabut bezeichnet. Das ist aber wohl eine Nebenaspekt seiner Tätigkeit. Ferner steht er in der Tradition geheimer Lehren der Tidjaniya-Bruderschaft.[14] Das Wichtigste, warum er nicht nur islamischer Gelehrter und Marabut, sondern Weisheitslehrer ("sage") ist, scheint mir zu sein, daß von einem bestimmten Moment an "die ganze Stadt seinen Rat suchte. Er war derjenige geworden, den Bandiagara konsultierte und dem man folgte bei allen Gelegenheiten".[15]

Daß es sich bei Tierno Bokar, der neben einigen afrikanischen Sprachen (Bambara, Fulbe, Dogon u.a.) arabisch kennt und schreibt, um jemand handelt, der wesentlich in einer mündlichen Überlieferung steht, stellt Hampaté Bâ deutlich heraus. Er ist sich stärker als H. Odera Oruka der schwierigen Probleme bewußt, die entstehen, wenn die mündliche Überlieferung aufgeschrieben wird.[16] Und er bekennt sich dazu, daß es besser ist, auf sehr gebrechliche Weise schriftlich festzulegen, was eigentlich in das Medium der gesprochenen Sprache gehört, als es ganz

---

14 A.H. Bâ: *Vie et enseignement de Tierno Bokar. Le sage de Bandiagara.* Paris 1980, S. 52.

15 Ebenda, S. 46.

16 H. Odera Oruka: *Sage philosophy. Indigenous thinkers and modern debate on African philosophy.* Leiden/New York/ Kobenhavn/Köln 1990.

aus dem Gedächtnis der Menschheit entschwinden zu lassen. "Ein ge-
sprochenes Wort mit allem, was darin mitschwingt an Leben und Liebe,
wie dasjenige, das Bandiagara (von Tierno Bokar) vernommen hat, kann
in einem Buch niemals in seiner ganzen Kraft wiedergegeben werden."[17]

Der originär philosophische Gehalt der Lehre Bokars, für die er
auch eine bestimmte Form der Schematisierung selbst entwickelt hat,
kommt darin deutlich zum Ausdruck, daß er die Vernunft (raison) zur
wichtigsten Instanz erklärt, durch die der Mensch zum Menschen und
die Religion zur Religion wird. Auch das Buch ("koran"), die Tradition
("sunna") und der gegenwärtige Konsensus ("idjmâ") werden durch die
Vernunft als solche erkannt.[18] Der ursprüngliche Bund, den Gott mit den
Menschen geschlossen hat, und die geoffenbarte Religion des Islam,
welche die Lehren Moses' und Jesus' mit umfaßt sowie die esoterischen
Auffassungen der "shahada", finden schließlich ihre Synthese in dem
"inneren Gesetz" (innere "sharia") des Sufismus.

A.H. Bâ will nicht davon sprechen, daß hier viele "Einflüsse"
zusammengekommen sind, sondern davon, daß viele "Begegnungen"
(rencontres) stattgefunden haben. "Dadurch entsteht ein Widerschein der
Worte und geistigen Bilder. Der Geist bahnt sich durch die Erfahrung einen Weg zu der Einen Wahrheit, zu dem 'Kreis aus Licht ohne Farbe',
von dem in der 'Perle der Vollendung' gesprochen wird",[19] d.h. in jenem
Gebet der Moslem, das für das tragische Ende der Geschichte Bokars
eine so entscheidende Rolle gespielt hat.

Weitgehend gleichzeitig mit Bokar und doch ohne ihn zu kennen
und mit ihm umzugehen, lebt in der Nähe Bandiagaras (in Ogol-du-bas,
einem der Dörfer, die zu der Gemeinde Sangha gehören) der wohl

---

17 Bâ (1980), S. 128.

18 Ebenda, S. 199-203; s. auch zum folgenden.

19 Ebenda, S. 248.

größte bekannte Lehrer der alten Weisheit: Ogoemmêli.[20] Seine Lehre kann helfen, den umfassenderen Rahmen afrikanischer Weisheit gegenüber ihrer islamischen Version abzustecken. Im Tagebuch von Michel Leiris, das über Griaules ersten Besuch in Bandiagara und den Dogon-Dörfern der "Falaise" berichtet, werden weder Bokar noch Ogotemmêli erwähnt.[21] Wie man weiß, ist Ogotemmêli erst nach 15 Jahren mit vielen erneuten Besuchen (1946) dazu bereit, M. Griaule seine Weisheitslehre mitzuteilen.

Es mag sein, daß in Ogotemmêlis Lehre religiös-mythische Vorstellungen eine größere Rolle spielen als bei den "sages" der Völker des heutigen Kenia, von denen Odera Oruka berichtet.[22] Die philosophische Relevanz dieser Lehre steht jedoch außer Zweifel und ist meines Erachtens dem der wichtigsten Denker Europas, Indiens oder Chinas gleichzustellen. Dabei lasse ich die Frage beiseite, die in der kulturanthropologischen Literatur heftig diskutiert wird, ob Marcel Griaule und Germaine Dieterlen in der Wiedergabe der Gespräche mit Ogotemmêli und in der späteren, mehr umfassenden Aufzeichnung der Dogon-Mythen[23] die Vorstellungswelt dieses Volkes richtig und in einer nachprüfbaren Weise wiedergegeben haben.[24]

In der Neuausgabe der Gespräche, die 1975 von Geneviève Calame-Griaule besorgt worden ist, faßt die Herausgeberin in ihrem Vor-

---

20 Den Ausdruck "traditionelle Weisheitslehre" empfinde ich je länger desto mehr als unangemessen. Er enthält, gerade auch in der von Max Weber entlehnten Terminologie, Konnotationen wie "nicht rational", "autoritätsgebunden" usw., die auf Ogotemmêlis Lehre sicher nicht passen. Deshalb möchte ich lieber von "alter" Weisheit oder Weisheitslehre sprechen und in diesem Punkt meine Terminologie korrigieren.

21 M. Leiris: *Phantom Afrika. Tagebuch einer Expedition von Dakar nach Djibuti. 1931-1933.* Frankfurt a.M. 1980, Bd 1, S. 130-174.

22 S. Oruka (1990), S. 29.

23 M. Griaule/G. Dieterlen: *Le renard pâle.* Paris 1965.

24 W.E.A. van Beek: *Dogon restudied. A field evaluation of the work of Marcel Griaule.* In: Current Anthropology 32, Nr. 2 (1991), S. 139-167.

wort deren philosophischen Gehalt in vier Punkten zusammen: (1.) die
Bedeutung der Kosmologie (und Kosmogonie) für die Kultur, (2.) die
Logik der symbolischen Entsprechungen (Zahlensymbolik, bildhafte
Ausdrücke, eigene Schematisierungen), (3.) der geschlechtlich differente
Personbegriff, in dem die Verschiedenheit und geschlechtliche Doppelheit der Menschen durch die Beschneidung ("circoncision" der Jungen
und "excision" der Mädchen) unterstrichen wird, und (4.) die vielschich-
tige Auffassung der Sprache in ihren metaphysischen und sozialen Funktionen.[25]

Nur auf den letzten Punkt und seine Relevanz für die philosophische Diskussion soll hier kurz eingegangen werden. Der in sich drei-
fache Ursprung der Sprache, den Ogotemmêli beschreibt, verknüpft in
jeder der drei Hinsichten praktisch-kulturelle Fähigkeiten mit entsprechenden Aspekten der Sprache. Das "erste Wort" steht für die
schöpferische Kraft der Sprache; es ist mit der gestaltgebenden Fähigkeit
des Töpferhandwerks verbunden.[26] Wie das "zweite Wort" zeigt, ist
Sprache immer auch Text, das Ineinander-Weben bedeutungsvoller
Muster. Dieser Arbeit des Tages stehen die "Bande des Schweigens und
des Schattens" gegenüber (was ungesagt bleibt und ausgespart ist im
Gesagten), die des Nachts gewebt werden.[27]

Das "dritte Wort" ist in sich selbst vielfältig: in der Art einer
"Vorratsscheune" birgt es Unterschiede und Verbindungen eines Welt-
systems, die es ermöglichen, daß die Dinge klassifiziert werden können.
(Da Ogotemmêli vor seiner Erblindung Jäger war, stehen die Gattungen
und Arten der Tiere hierbei im Vordergrund.) Ferner sagt das "dritte
Wort" etwas über die Entsprechungen des Weltsystems und des sozialen
Systems, in dem die möglichen Unterschiede und Verbindungen ihre
Funktion und ihre Kraft entfalten.

Diese kurzen Hinweise sollen die philosophische Relevanz und

---

25 M. Griaule: *Dieu d'eau. Entretiens avec Ogotemmêli.* Hrsg. von G.
Calame-Griaule. Paris 1975, S. 8 f.

26 Ebenda, S. 23-31; vgl. zum folgenden S. 31-77.

27 Ebenda, S. 37

den Rang der afrikanischen Weisheitslehre sichtbar machen. Die islamischen und nicht-islamischen Formen der Weisheitslehre in Senegal und
Mali legen es nahe, die These Cheikh Anta Diops zu bedenken und kritisch zu prüfen, daß diese Weisheitslehre ihre Wurzeln im alten Ägypten
hat.[28] Diop und sein Schüler Obenga, der selbst Ägyptologe ist, führen
zahlreiche Belege dafür an, daß das Ägypten der Pharaonen von schwarzen Afrikanern bewohnt war und daß demnach diese älteste Hochkultur,
von der auch viele Anregungen, besonders auf dem Gebiet der Philosophie und der Geometrie, über Zypern und das antike Griechenland in die
europäische Geschichte eingegangen sind, schwarzafrikanisch war. Das
habe sich erst mit der Hellenisierung und der Arabisierung dieses Landes
geändert. Über die mögliche Diffundierung der altägyptischen Weiheits-
lehre über den afrikanischen Kontinent ist wenig bekannt und müßten
noch umfangreiche Studien angefertigt werden. Daß dies nach dem
Modell der viel späteren Verbreitung des Islam im Sudan-Sahel-Gebiet
vorgestellt werden kann, bildet nur eine relativ vage Analogie.[29] Daß die
Handelswege hierbei eine wichtige Rolle gespielt haben können, ist
leicht ersichtlich. Die kriegerische Ausbreitung des Islam durch den
"djihad" kann indessen für den Vergleich nicht herangezogen werden.

Weisheistlehrer (sages) sind wohl einerseits als Personen mit einer
bestimmten Funktion in afrikanischen Gesellschaften erkennbar, andererseits ist dieser Personenkreis nicht deutlich umschrieben und Weisheitslehre ist nicht ausschließlich an ihn gebunden. Maurice Tschiama-
lenga Ntumba (Zaïre) geht davon aus, daß "die höchste Stufe der Weisheit" in der "esoterischen Tradition bestimmter Kreise von 'Ein-
geweihten'" anzutreffen ist. Diese "sind als solche unnahbar. Dennoch
sind zumindest einige ihrer esoterischen Lehren auch im Volk bekannt,

---

28 Ch.A. Diop: *Afrika - Mutter und Modell der europäischen Zivilisation?* Hrsg. von L. Harding/B. Reiwald. Berlin 1990, S. 45-58; s. Th.
Obenga: *Afrique Noir et monde méditerranéen dans l'Antiquité.* Dakar
1976.

29 Diese Analogie wurde im Sommer 1992 in einem Gespräch auf der
Cheikh Anta Diop Universität in Dakar durch Massaër Diallo, einen Dozenten für afrikanische Philosophie, angeführt (s.o. S. 26f).

allerdings bruchstückhaft." Zwei belgischen Forschern ist es nach seiner Darstellung gelungen, in dem Buch *Une Bible Noire* gegen hohe Bezahlung "beträchtliche esoterische Lehren aufzunehmen und aufzuzeichnen".[30] Es wird also gut sein, die Weisheitslehre (innerhalb und außerhalb des Islam) nicht nur bei Personen aufzusuchen, die als "sages" bekannt waren oder sind.

Für seine Darstellung des "Weltbilds" der Menschen in Oku (im nordwestlichen Kamerun) beruft Hans-Joachim Koloß sich auf Gespräche mit einigen der Familienchefs (Fai) dieses Volkes.[31] Mit der Kennzeichnung ihres Weltbildes als "religiös" will er dieses nicht einem Teilbereich der Kultur zuweisen. Religion im traditionellen Afrika bestimmt er vielmehr als ein "System geistiger Ausdrucksformen", das "die gesamte menschliche Existenz" umfaßt. Daß es sich in unserem Sinn um afrikanische philosophische Weisheit handelt, zeigt sich schon darin, daß "Lebenskraft" (Keyus) als Kernbegriff dieser Lehre fungiert. Das Nachdenken über "Keyus", das auch mit "Seele" oder "Atem" übersetzt werden kann, ist - wie bei den "sages" üblich - daran gebunden, ob es "für das praktische Leben bedeutsam" ist. Ebenso ist der gesellschaftliche Aspekt, die Fähigkeit zu "sozialer Integration", ständig zu berücksichtigen. Ein weiterer philosophisch sehr wichtiger Aspekt dieser Lehre kommt darin zum Ausdruck, "daß das Keyus keine konstant bleibende Kraft ist, sondern sich mit der Zeit verbraucht. Folglich muß das Keyus der Menschen beständig durch Feyin (das höchste Wesen) ergänzt und gestärkt werden".[32] Damit ist erneut ein Beleg gefunden für die in Afrika allenthalben anzutreffende übereinstimmende Weisheitslehre und ihre besondere, jeweils durch Gruppen und einzelne geprägte Fassung.

---

30 M.T. Ntumba: *Afrikanische Weisheit. Das dialektische Primat des Wir vor dem Ich-Du.* In: W. Oelmüller (ed.), Philosophie und Weisheit. Paderborn/München/Wien/Zü-rich 1988, S. 24-38, s. bes. S. 26; vgl. J.A.T. Fourche/N. Morlighem (eds): *Une Bible Noire.* Brüssel 1973.

31 H.J. Koloß: *Feyin und die Lehre vom Keyus. Zum religiösen Weltbild in Oku (Kameruner Grasland).* In: Baessler-Archiv. Neue Folge XXXV (1987/88), S. 383-453.

32 Ebenda, S. 427; vgl. S. 448.

Abschließend möchte ich sagen, daß die Vermischung von Islam und afrikanischer Weisheit und der praktische Bezug, in dem sie sich ereignet hat (etwa bei Tierno Bokar), direkt und indirekt (im Sinne einer Stimulierung des eigenen Nachdenkens) Elemente enthält, von denen wir für den Kontext unserer westlichen Denkarbeit und für kooperative Projekte lernen können. Dabei denke ich nicht, daß wir Marabuts der westlichen Philosophie benötigen, wohl aber daß wir einsehen lernen sollten, wie viel von einem Marabut ein westlicher Großordinarius oft an sich hat. Schließlich verweist uns die Lehre von der Lebenskraft mit ihrer kosmischen Dimension auf die innere Dynamik der Wirklichkeit, in die der Mensch und das menschliche Denken einbezogen sind. Diese Lehre kann im westlichen Kontext ein Beitrag sein, die Subjekt-Objekt-Spaltung zu überwinden.

## Poesie

Aus »Die das Blut beschmutzen. Gedichte« von Barou Kanouté[33]

*Hymne auf den Tyrannen*

Um dich zu besingen
Einziger der Knochen zerbricht
Um dich zu besingen
- weil ich dich besingen muß -
Soll nur der Rhytmus des Bolon[34]
Meine Stimme unterstützen
Durch Städte und Wälder
Besinge ich dich doch
Einziger der Knochen zerbricht
Ich besinge dich
- weil ich dich besingen muß -
Die bittere Melodie der nackten Wahrheit
Der rechten Gerechtigkeit
Einziger
Der Knochen zerbricht
Mann der Männer
Unbekannt der Morgendämmerung
Dorfhäuptling der Abenddämmerung
Dein Duft von Blut
Berauscht
Schakale und Hyänen
Und die Geier
Auf deinem Weg
Von dem Geruch nach Menschenfleisch
Haben sie genug.

---

33 B. Kanouté: *Les déchireurs de sang. Poèmes.* Ohne Ort, Jahr und Seitenzahlen. (Bamako 1987, S. 24 und 39.)

34 »Bolon« ist ein Musikinstrument mit einer Saite.

*Ich will nicht mehr*


Die große Nacht hat mein Fleisch und meine Seele überfallen
Ich will nicht mehr
Spielen, tanzen und in einem Ballon um mich schlagen
Unter dem gewaltigen Auge des versteiften Potentaten
Ich will nicht mehr
Ein Schauspiel von mir machen
Für diese Ehrenpräsidenten in reichen Gewändern
Die auf den ersten Logen
Ihre Begleiterinnen zeigen, gefesselt in Gold
Aus Bouré, aus Bambouk, von Galam[35]
Durch anderes fasziniert als das Gesicht ohne Rouge:
Von der tiefen Botschaft die mir Mühe macht und mich tötet
Um die Eingeweide der Nacht zu lichten

Ich will nicht mehr.

---

35 »Bouré, Bambouk, Galam« sind offenbar Orte oder Gebiete, wo
Gold gefunden wird.

## Tagebuchaufzeichnung
### »Die 'Falaise' von Bandiagara«

Sanga, 30.7.1992

Die "Falaise" von Bandiagara bietet als solche bereits ein faszinierendes Landschaftsbild. Ein Felsmassiv ragt hinein in den nördlichsten Teil des Nigerbogens. An der westlichen Seite des Hochplateaus fallen Felswände steil hinab bis in die Ebene. Diese Steilwände heißen "Falaise"; sie sind nach der Stadt Bandiagara benannt, die etwa 50 km südöstlich von Mopti am Fuß des Felsmassivs gelegen ist.

Der besondere Reiz dieser Landschaft entsteht jedoch durch die vielen Dörfer, die sich entlang der Felswände befinden, wobei die Häuser und Scheunen bis hoch hinauf in die Felsen gebaut sind. Sie scheinen häufig wie Nester an die Felswand geklebt zu sein. Durch steile Wege sind nicht nur Häuser und Scheunen, sondern auch Kultplätze mit Fetischhäusern, Häusern für menstruierende Frauen und die jeweilige "casa palabres" untereinander verbunden. Kletternd spürt man, wie die glatten Felswände die Hitze der Sonne festhalten und zurückstrahlen.

Seit dem 13. Jahrhundert leben hier Dogon. Vorher war das Gebiet durch Tellem bewohnt, die zunächst den Dogon auszuweichen suchten, indem sie noch höher in den Felswänden ihre Häuser bauten. Die Tellem haben aber dann das Gebiet verlassen und wohnen heute, sofern es sie noch gibt, im nordwestlichen Burkina Faso. Die verlassenen Behausungen der Tellem sind teilweise erhalten. Auf ihrer Höhe bestatten die Dogon in Felsspalten ihre Toten und bewahren sie wichtige Kultgegenstände auf. Unter den Dogon werden viele legendäre Geschichten über die Tellem erzählt. Zwei niederländische Forscher haben gemeinsam mit einem Dogon-Partner versucht, der historischen Wahrheit auf die Spur zu kommen. (B. Schierbeek/M.Ou. Sy/H. Haan, *Tellem. Verkenning van een oude afrikaanse cultuur.* Zeist/Antwerpen 1965; Tellem. Untersuchung einer alten afrikanischen Kultur.)

Die Bau- und Siedlungsweise in den Dogon-Dörfern ist hier noch immer - wie im Gebiet der Bambara mit dem Mittelpunkt Ségou - durch "Mauern aus Erde" bestimmt, die M. Condé so treffend beschrieben hat.

(M. Condé, *Ségou*. Paris 1984, Bd 1: *Les murailles de terre*.) An die Stelle der Weiträumigkeit von Ségou tritt hier indessen die bedrängende Enge der Felssteinwände. Heute ist die "Falaise" von Bandiagara die hauptsächliche Touristenattraktion von Mali. Dem steht freilich gegenüber, daß es im Verhältnis noch wenige Touristen sind, die hierher vordringen.

Unter philosophischem Gesichtspunkt hat dieses Gebiet zwei weitere Besonderheiten zu bieten. Die Stadt Bandiagara, die selbst bereits abgelegen ist, wurde der Zufluchtsort Tierno Bokars, nachdem etwa 1890 die Stadt Ségou von den Franzosen erobert worden war. Er hat in Bandiagara bis zu seinem Tod (1938) gelebt und als Marabut und islamischer Gelehrter und Weisheitslehrer gewirkt. (Vgl. o. Philosophische Probleme.)

Von Bandiagara aus gelangt man nach weiteren 45 km über eine mühsam befahrbare Piste nach Sangha, das oben auf dem Hochplateau erbaut ist. Das heutige Sangha besteht aus zehn Dörfern, die auf verschiedenen Niveaus der Hochfläche gelegen sind. Das Dorf Ogol verteilt sich über zwei Niveaus. Auf dem unteren (Ogol-du-bas) wohnte bis 1947 Ogotemmêli, der durch die häufigen Besuche Griaules in Sangha und dadurch, daß er kurz vor seinem Tod seine Weisheitslehre diesem französischen Forscher mitgeteilt hat, sehr berühmt geworden ist. Seine Lehre ist die persönliche Fassung alter, von der animistischen Religion der Dogon geprägter Weisheit. Und es spricht eigentlich nur für die individuelle Leistung dieses "sage", daß sich seine Auffassungen und seine Darstellungsweise nicht durch anthropologische Feldarbeit als kollektives Gedankengut der Dogon nachweisen oder "wissenschaftlich" reproduzieren läßt. (Vgl. o. Philosophische Probleme, bes. Anm. 24.)

Vielleicht haben somit diese beiden wichtigen afrikanischen Weisheitslehrer und Philosophen in diesem Gebiet relativ nahe beieinander gewohnt. Dies muß deswegen als Vermutung ausgesprochen werden, weil wir (bis heute) neben den hier genannten und den durch Odera Oruka (mit seinen Schülern) und Gyekye befragten "sages" keine Kenntnisse über den Inhalt der Auffassungen und Lehren der sicherlich zahlreichen afrikanischen Weisheitslehrer besitzen. Dabei soll noch einmal betont werden, daß wir davon ausgehen müssen: die schriftlichen

Dokumente der mündlich überlieferten Weisheitslehre können nur einen schwachen Abglanz bieten von ihrer früheren gelebten Eigenart und der darin gelegenen Kraft.

Daß die Siedlungsgebiete der Dogon so abgelegen sind und daß sich dort Eigenes, Afrikanisches relativ originär erhalten hat, sind zwei Seiten derselben Medaille. Einerseits möchte man wünschen, daß dies so bleibt, wobei man die Relativität des originär Afrikanischen nicht übersehen darf. Andererseits ist es von den Menschen dort selbst gewünscht und wird es in Zukunft gewiß dazu kommen, daß das Gebiet besser für den Verkehr und den Tourismus erschlossen wird, wodurch zugleich seine Eigenart verblassen muß. Oder kann diese Eigenart auf irgendeine Weise doch erhalten bleiben? Kann sie eingehen in die neue Konstellationen, die damit (nicht nur hier) entstehen?

# Supplement 2

## Afrika in Amerika

*Afrikanische Philosophen in der amerikanischen Diaspora*

### Einleitung

In einem schnellen, vielleicht allzuschnellen und deshalb leichtfertigen Urteil könnte man sagen: die besten afrikanischen Philosophen leben und lehren heute in den Vereinigten Staaten von Amerika. Auch wenn wir dieses Urteil in dieser Form nicht aussprechen können, kann man doch unschwer erkennen, daß sich seit dem Entstehen afrikanischer Universitäten mit den dazu gehörenden Philosophie-Abteilungen (etwa ab 1960) eine verhältnismäßig große Anzahl afrikanischer Philosophen - aus welchen Gründen auch immer - dafür entschieden hat, nicht in Afrika, sondern in der amerikanischen Diaspora afrikanische Philosophie zu betreiben.

Wie ist dies zu erklären? Wie fühlen sich diese Philosophen in der Diaspora, die zugleich - zivilisatorisch gesehen - eine Art Schlaraffenland für sie ist? Der Tatsache, daß sie die kulturelle Umgebung, die zu ihrem Denken gehört, entbehren müssen, steht im allgemeinen gegenüber, daß sie die sehr viel besseren Arbeitsmöglichkeiten amerikanischer Universitäten nutzen können. Welche spezifischen Probleme ergeben sich aus dieser Situation?

Freilich kann man auch die umgekehrte Frage stellen, warum diese Philosophen in größerer Zahl gerade nach den USA berufen worden sind und nicht nach England, Frankreich, Deutschland, Holland oder Italien. Ist die amerikanische Gesellschaft eher offen für solche Einflüsse anderer Kulturen? Handelt es sich am Ende gar darum, daß die Amerikaner mit ihren größeren finanziellen Mitteln Teile der philosophischen Intelligenz aus Afrika zu sich zu ziehen wollen? Oder liegt es daran, daß ein wesentlicher Bezug zur schwarzen Bevölkerung der USA besteht, so daß auf diesem Weg deren philosophische Kapazitäten verstärkt werden?

Weder auf die erste Serie von Fragen, warum viele afrikanische Philosophen nach Amerika gehen, noch auf die zweite, warum sie vor allem nach Amerika geholt werden, läßt sich eine einfache Antwort formulieren. Es handelt sich um ein komplexes und rein theoretisch nicht zu lösendes Problem interkultureller Philosophie. Dieses Problem läßt sich nicht am Schreibtisch erledigen, indem man traditionelle philosophische Methoden verwendet: lesen, diskutieren, an Kongressen teilnehmen oder solche selbst organisieren, um schließlich etwas darüber zu schreiben, was dann seinerseits wieder gelesen, diskutiert wird usw. Es ist notwendig, sich der Erfahrung auszusetzen und selbst zu sehen, nachzufragen, was innerhalb der amerikanischen Kultur die Diaspora afrikanischer Philosophen bedeuten mag.

Auf einer Reise entlang der Ostküste der Vereinigten Staaten: von Tampa und Gainesville in Florida über Durham in North Carolina und Haverford in Pennsylvania nach Cambridge in Massachusetts, die schließlich noch durch einen Abstecher nach Columbus in Ohio ergänzt wurde, habe ich einige der führenden afrikanischen Philosophen in Amerika aufgesucht und mit ihnen gesprochen. Dabei habe ich auch der Smithsonian Institution, insbesondere dem "Museum of African Art", in Washington, D.C., und dem "Museum for African Art" in New York City einen Besuch abgestattet. Die Inhalte dieser Gespräche und die Eindrücke dieser Reise sind der Gegenstand der folgenden Ausführungen, die sich mit afrikanischer Philosophie in Amerika und von daher mit afro-amerikanischen Perspektiven der Philosophie beschäftigen werden.

Welche Rolle schwarze bzw. afrikanische Amerikaner auch immer für die afrikanische Philosophie gespielt haben und heute spielen, ihr Schicksal ist so sehr mit dem Gegenstand der interkulturellen Philosophie verbunden, daß es jemanden, der umwillen dieser Philosophie dieses Land bereist, nicht unberührt lassen kann. Eine afro-amerikanische Philosophie als Variante der afrikanischen scheint zu entstehen, vielleicht auch eine Zusammenfassung beider zu einer gemeinsamen Unternehmung, der "Africana-Philosophie" (s.u. das Gespräch mit Lucius Outlaw), die dann freilich auch den karibischen Raum und Brasilien einbeziehen müßte. Bedeutende Wechselwirkungen zwischen afrikani-

scher und afro-amerikanischer sozialer und politischer Theorie hat es
bereits seit dem vorigen Jahrhundert gegeben, was durch Arbeiten von
A. Crummell, Africanus Horton oder W.E.B. Du Bois hinreichend dokumentiert ist.

Einerseits habe ich für die Gespräche mit den afrikanischen Kollegen in Amerika einen festen Fragenkatalog verwendet, den ich von
meinen Studien zur afrikanischen Philosophie aus formuliert habe. Deshalb sind diese Ausführungen ein Supplement meines Buches PhiA I.
Andererseits habe ich versucht, dafür offen zu sein, daß es sich bei der
afrikanischen Philosophie in der amerikanischen Diaspora um ein eigenes Phänomen handelt, auf das ich mir den Blick nicht durch vorgefaßte
Fragen verstellen wollte. Weil Offenheit eher eine Sache des Hörens als
des Sehens ist, habe ich auch hier die Methodologie des Hörens als Ausgangspunkt genommen.

Äußerer Anlaß des Projekts waren zunächst Informationen über
SAPINA, die Society for African Philosophy in North-America, die seit
1988 ein halbjährliches Bulletin herausgibt, den "SAPINA Newsletter".
In Nr. 1 des IV. Jahrgangs (Januar bis Juli 1992) sind im Anhang 64
Mitglieder dieser Gesellschaft verzeichnet. Einen wichtigen Anstoß hat
ferner das Buch gegeben: *The surreptitious speech*, das ebenfalls von
V.Y. Mudimbe, dem Herausgeber des "Newsletter", veröffentlicht worden ist (Chicago und London 1992). In diesem Buch schreiben überwiegend afrikanische Philosophen in Amerika und amerikanische Kultur-
anthropologen bzw. Afrikanisten *über* die Zeitschrift "Présence Africaine", die seit 1947 in Paris 40 Jahre lang erschienen und von A. Diop
zusammen mit J. Howlett redigiert worden ist, oder *aus Anlaß* des 40-
jährigen Bestehens dieser wichtigsten, in der französischen Diaspora
veröffentlichten afrikanischen kulturellen und philosophischen Zeitschrift. Nachdem seit 1989 die Zeitschrift "Présence Africaine" in Paris
nicht mehr erscheint (der Verlag gleichen Namens besteht noch), wird
mit der Veröffentlichung der Festschrift zu ihrem 40-jährigen Jubiläum
in Amerika, sei es auch ungewollt, ein bemerkenswertes Signal gesetzt.

## Gespräche und Eindrücke

Was im folgenden geboten wird, sind keine Protokolle der Gespräche, die ich mit afrikanischen Philosophen in Amerika geführt habe. Es ist eine Wiedergabe dessen, was sich in diesen Gesprächen für mich an neuen Einsichten ergeben hat und welche (kritischen) Fragen sie in mir hervorgerufen haben. Was ich aufschreibe, sind die Eindrücke dieser Gespräche in meinen Bewußtseins- und Wissensstand auf dem Gebiet der afrikanischen Philosophie. Diesen Eindrücken fügen sich andere an, die durch den Besuch einiger Ausstellungen mit afrikanischer Kunst enstanden sind.

1. Kwasi Wiredu
(Tampa, FL, 14.06.1993)

Obgleich manche äußeren Umstände an der Universität von Süd-Florida für ihn weniger günstig sind als an der Universität von Ghana, wo er früher gelehrt hat (sein Arbeitsraum, sekretarielle Unterstützung), fühlt W. sich hier durchaus wohl.[36] (Andere Arbeitsbedingungen wie Bibliothek, Mittel für Reisen usw. sind freilich besser als in Ghana.) Es ist für W. selbst überraschend, daß er hier häufiger und intensiver über afrikanische Philosophie nachdenkt und auch vorträgt (nicht nur in universitären Veranstaltungen) als in Ghana. Die Frage, die in der eigenen afrikanischen Umgebung eher unausdrücklich mitspielt, weniger direkt zum Thema gemacht wird: was ist afrikanisch an der afrikanischen Philosophie? tritt hier stärker in den Vordergrund. Das größere Erklärungsbedürfnis entsteht sowohl durch häufige Fragen anderer als auch aus dem Streben nach Selbstverständigung.

Die Orientierung an afrikanischen Problemen, an der eigenen

---

36 Kwasi Wiredu wurde in Ghana im Akan-Gebiet geboren. Er studierte Philosophie in Oxford in Großbritannien, wurde dann Professor für Philosophie an der Universität von Ghana in Legon-Accra und hat seit 1986 einen Lehrstuhl für Philosophie an der Universität von Süd-Florida in Tampa.

Muttersprache, dem Twi, die Aktivierung der konzeptuellen Möglichkeiten, die in dieser Sprache beschlossen sind, ist offenbar in der Diaspora stärker als zuhause. Erst in der andersartigen amerikanischen Umgebung hat W. sein Denken - wie er sagt - definitiv dekolonisieren können. Er kann nun auch besser verstehen, daß seine Haltung früher von afrikanischen (und von nicht-afrikanischen) Kollegen als zu sehr dem Westen zugewandt kritisiert worden ist, obgleich er diese Kritik nicht wirklich zutreffend findet.

Eine besondere Beziehung zur schwarzen Bevölkerung der USA besteht bei W. nicht. Diese Afrikaner sind nach seiner Auffassung im Lauf vieler Generationen zu Amerikanern geworden. Wohl hält er eine Zusammenarbeit mit schwarzen bzw. afrikanischen Amerikanern, die sich mit afrikanischer Philosophie beschäftigen, für durchaus bedeutungsvoll. In ihrer Arbeit verbindet sich die philosophische Artikulierung der Situation der schwarzen Amerikaner mit Fragen afrikanischer Philosophie.

Im Lauf des Gesprächs ist mir klarer geworden, was W. damit meint, daß auf der einen Seite die eigene kulturelle und philosophische Überlieferung für sein Denken wichtig ist, daß aber auf der anderen Seite die Mittel der westlichen Philosophie für das Erfassen der heutigen Probleme Afrikas unerläßlich sind - eine in sich doppelte Auffassung, die er schon in seinem Buch *Philosophy and an African culture* (Cambridge 1980) vertreten hat. Die Naturwissenschaften und die damit verbundene Philosophie sowie das gesamte technologisch-wissenschaftliche Dispositiv sucht er aus der westlichen Tradition zu übernehmen. Wenn es um Geistes- oder Kulturwissenschaften geht (englisch: "Humanities"), erwartet er einen wichtigen eigenen Beitrag vom afrikanischen Denken. Deutlicher als es in dem genannten Buch geschieht, spricht er jetzt von traditioneller afrikanischer Philosophie, die von eigenständigen Philosophen vertreten worden ist und - soweit sie noch im traditionellen Lebenszusammenhang anzutreffen sind - weiterhin vertreten wird. Die Zahl der wirklich eigenständig denkenden Philosophen ist dabei in afrikanischen Gesellschaften, wie in allen übrigen, nicht sehr groß. Daneben gibt es solche, die in der Lage sind, die in einer Gesellschaft lebendige Philosophie mitzuteilen und zusammenzufassen.

Die technologisch-wissenschaftlichen Bedingungen prägen das menschliche Leben und Zusammenleben nach W. gewissermaßen von außen her. Das führt u.a. zu den Annehmlichkeiten der westlichen Zivilisation, die auch die Afrikaner für erstrebenswert halten. Es bedingt aber auch einen erschreckenden Werte- und Sinnverlust. Diese letzteren Folgeerscheinungen zu bekämpfen oder jedenfalls abzumildern, ist eine Aufgabe der Philosophie, die sich hierfür stärker an den Geistes- bzw. Kulturwissenschaften orientiert. Sofern für die bezeichneten Probleme bisher keine überzeugenden Lösungsvorschläge gefunden worden sind, ist der Beitrag der afrikanischen Philosophie von aktueller Wichtigkeit und ist eine Zusammenarbeit, ein interkultureller philosophischer Dialog unerläßlich.

Wie es scheint, herrscht bei W. der Gedanke vor, daß die zerstörerischen und selbstzerstörerischen Kräfte gerade auch in der westlichen Kultur, die sich zur Weltkultur erweitert, ein Übergewicht haben. Was von der kulturwissenschaftlich orientierten und der aus afrikanischen Quellen schöpfenden Philosophie beigetragen werden kann, erscheint dann lediglich noch als Verzögerung der Wirksamkeit dieser Kräfte.

Einen solchen Beitrag bildet - gewissermaßen von sich aus - W.s eigene Denkarbeit. Denn er bemüht sich vielfach darum, Übersetzungen für westliche Begriffe in die Akan-Sprache und umgekehrt von Begriffen des Twi ins Englische zu finden oder auch die Unübersetzbarkeit deutlich zu machen. Dies gehört in den größeren Zusammenhang seines Bemühens, von Begriffen des Twi aus zu denken und diese Begriffe in seine auch von der Begrifflichkeit westlicher Philosophie geprägte Denkarbeit einzubringen. Beispiele hierfür finden sich in seinen Beiträgen zu den neueren Sammelbänden *Postkoloniales Philosophieren: Afrika; The surreptitious speech; African American perspectives and philosophical traditions.*[37]

---

37 K. Wiredu: *On defining African philosophy.* In: H. Nagl-Docekal/F. Wimmer (eds), Postkoloniales Philosophieren: Afrika. Wien/München 1992, S.40-64; Ders.: *Formulating modern thought in African languages. Some theoretical considerations.* In: V.Y. Mudimbe (ed.), The surreptitious speech. 'Présence Africaine' and the politics of otherness. 1947-1987. Chica-

Einen fundamentalen Unterschied zwischen traditionell westlicher und afrikanischer Philosophie sieht W. darin, daß es in der letzteren keine Formalisierungen der spezifischen Logik afrikanischer Sprachen gegeben hat. Er ist aber offen dafür, daß eine solche formalisierte Logik noch gefunden werden kann und daß eine stärker in praktische Lebenszusammenhänge eingebundene Logik auch einen kritischen Aspekt besitzt im Blick auf rein formal entwickelte logische Gesetzmäßigkeiten. Diese Offenheit erstreckt sich auf die weitergehende Frage, daß man westlich stärker naturwissenschaftlich orientierte und afrikanisch stärker kulturwissenschaftlich orientierte Philosophie in einem dialektischen Verhältnis sehen und kritisch aufeinander beziehen kann.

Wenn man wissen will, ob und wie oder auch über welche Themen westliche und afrikanische Philosophie in der heutigen Situation in einen Dialog kommen können, wird man meiner Auffassung nach gut darauf achten müssen, was sich in der Denkarbeit W.s konkret ergeben hat und weiterhin ergeben wird.

2. Mildred A. Hill-Lubin, Olabiyi B. Yai, Azim A. Nanji
(Gainesville, FL, 18.06.1993)

Nach H.-L.s Auffassung hat vor allem die "Black Consciousness-Bewegung" der sechziger Jahre dazu geführt, daß die afrikanischen Amerikaner ihre geistige Verbindung mit Afrika wieder anzuknüpfen suchen ("reconnect") und ihre Herkunft aus diesem Kontinent wieder einklagen ("reclaim").[38] Dies geschah in de USA eher als im Karibischen Raum und in Südamerika. Auf dem Gebiet der Literatur muß man seit

---

go/London 1992, S. 301-332; Ders.: *African philosophical tradition. A case study of the Akan.* In: The Philosophcal Forum 34, Nr. 1-3 (1992/93). Special Triple Issue: African American perspectives and philosophical traditions, S. 35-62.

38 Mildred A. Hill-Lubin ist afrikanische Amerikanerin, sie lehrt am Department of Literature der Universität von Florida in Gainesville afrikanische Literaturwissenschaft.

längerer Zeit bereits das Afrikanische nicht nur in Afrika aufsuchen, sondern ebenfalls in der Diaspora der genannten Gebiete und für französischsprachige Texte auch in Frankreich.

Die Rückanknüpfung afrikanischer Autoren in der Diaspora an Afrika und seine Geschichte drückt sich nicht nur in der Themenwahl aus (vgl. Alex Haley's *Roots*. New York 1976, oder Marise Condé's *Ségou*. Paris 1984), sondern auch in der Wahl der stilistischen Mittel. So werden die besonderen Möglichkeiten der mündlichen Literatur (Veränderung der Sprechweise, soziale Funktion des Sprechens und Hörens usw.) weitgehend im Schriftlichen zur Geltung gebracht. In den Büchern von James Baldwin, Paule Marshall und vielen anderen geht es freilich nicht nur darum, daß sie den Soziolekt der schwarzen Bevölkerung Amerikas so eindrucksvoll verwenden, sondern vor allem darum, daß sich auf diese Weise das Leiden und der Lebenswille dieser Menschen einen Ausdruck verschaffen.

Als philosophisch bedeutsam an der erwähnten Rückanknüpfung und ihren Folgen möchte ich hervorheben, daß ein Dialog in Gang gekommen ist, daß afrikanische Amerikaner und Afrikaner in Afrika als Autoren aufeinander hören und voneinander zu lernen suchen. Dabei stehen nach H.-L.s Meinung nicht so sehr bestimmte Themen im Vordergrund, die aus Afrika übernommen werden, wie z.B. der Glaube an übersinnliche Kräfte oder der starke Familiensinn, als vielmehr die Tatsache, daß man überhaupt voneinander Kenntnis nimmt und die Texte der anderen liest. Auf diese Weise wird in Amerika von den afro-amerikanischen Autoren die Instanz der afrikanischen Literatur erkannt und geltend gemacht. Was sich daraus inhaltlich oder im Blick auf die Verwendung stilistischer Mittel ergibt, ist nicht vorhersehbar, es muß sich zeigen.

Der Kernpunkt einer afrikanischen Ästhetik, wie H.-L. sie vertritt, ist die Lebendigkeit der Kunst, die nicht steuerbar und nicht prognostizierbar ist. Die Produktivität in Afrika auf kulturellem und künstlerischem Gebiet inmitten von Armut, ökonomischem Niedergang und politischer Instabilität und die dynamische Weiterbildung alter Traditionen, die daraus hervorgeht, führt zu einer Wechselwirkung mit der Kunst anderer Kulturen, nicht zuletzt mit afro-amerikanischen Schriftstellern.

Dies kann als ein Hoffnungsschimmer gelten inmitten der wirtschaftlichen und politischen Misere Afrikas.

Auch Y. ist nicht Fachphilosoph, aber für ihn hat der philosophische Gehalt der afrikanischen Literaturen und Sprachen große Bedeutung.[39] Er wendet sich gegen einen zu engen, westlich geprägten Philosophiebegriff, wie er auch von seinem Landsmann Hountondji vertreten
wird. So sollte nach seiner Meinung z.B. der philosophische Gehalt der
Ifa-Gedichte, seitdem wichtige Teile daraus ins Englische übersetzt und
veröffentlicht sind,[40] mitbestimmen, was international als Philosophie
anerkannt wird. Ferner verweist er auf den divinatorischen Diskurs auch
in anderen Texten, auf Sprichwörter, Mythen, "Praise poetry" und den
philosophischen Gehalt der Kunst.[41]

Wie Wiredu arbeitet Y. intensiv an Übersetzungsfragen. Die Besonderheit des Yoruba-Weltbildes drückt sich nach seinen Worten vor
allem darin aus, daß es keinen Gegensatz von oben und unten gibt. Gott
oder die Götter und die Geisterwelt sind nicht nur nicht jenseitig, sie
sind auch nicht prinzipiell oben zu lokalisieren, sondern zwischen oder
unter den Lebenden. Im Grunde gibt es bei den Yoruba nur einen
Himmmelsgott, den Gott des Donners. Und der Gedanke des höchsten
Gottes trifft ganz und gar nicht, was die Yoruba mit Oludomare meinen.
Der Dualismus von oben und unten wie überhaupt das Denken in Ge-
gensätzen ist den Yoruba vom Christentum und vom Islam übergestülpt

---

39 Olabiyi B. Yai wurde in Benin im Yoruba-Gebiet in unmittelbarer
Nähe zu Nigeria geboren. Er studierte Literaturwissenschaft und Philosophie
an den nigerianischen Universitäten in Ibadan und Ile Ife, ging dann als
Dozent nach Bahia in Brasilien und ist seit 1988 Professor für afrikanische
Literatur am Department of African Studies der Universität von Florida in
Gainesville.

40 W. Abimbola (ed.): *Sixteen great poems of Ifa.* UNESCO-
Veröffentlichung, ohne Ort (Paris) 1975. Vgl. PhiA I, Poesie VI.

41 Vgl. zur Yoruba-Philosophie S. Gbadegesin: *African philosophy.*
*Traditional Yoruba philosophy and contemporary African realities.* New
York/San Francisco/Bern/-Frankfurt a.M./Paris/London 1991 und Yai's Rezension von A.Wardwell (ed.): *Yoruba. Nine centuries of African art and
thought.* New York 1989. In: African Arts 25, Nr. 1 (1992), S. 20-29.

worden. Auf Nachfrage unterstützt Y. die These Oladipo's, daß Oludomare im Grunde nicht mit Gott übersetzt werden kann.[42]

Da auf diese Weise wichtige Begriffe des Yoruba-Denkens durch
den Einfluß christlicher und islamischer Mission umgeprägt worden sind,
ist es methodisch wichtig, Yoruba-Überlieferungen, die in der karibischen und südamerikanischen Diaspora von diesen Einflüssen weniger
stark betroffen sind, mit den heute in Afrika lebendigen zu vergleichen.
Das kann helfen, vor-christliche und vor-islamische Gehalte dieses Denkens freizulegen. Darin liegt eine konkrete Aufgabe afrikanischer Philosophen in der Diaspora.

Die Denk- und Übersetzungsarbeit Y.s führt dazu, daß afrikanisches Denken in seiner Besonderheit und Andersartigkeit mit westlicher
Philosophie zusammengebracht wird. Darin vollzieht sich ein Dialog,
dessen Resultate - ähnlich wie bei dem der Schriftsteller - nicht im
voraus bestimmbar sind.

Mit dieser Arbeitsrichtung ist diejenige N.s durchaus verwandt,
der sich im Rahmen eines umfassenden Projekts zur Erforschung der
Religionen beider Amerikas besonders auf die afrikanischen Amerikaner
und deren historische Hintergründe richtet.[43] Sein methodischer Ausgangspunkt ist historisch und diskurstheoretisch. Aus den verschieden-
sten Quellen sucht er traditionelle afrikanische Weisheit als Hintergrund
afrikanischer Religiosität zu ermitteln. Literarische Werke stehen dabei
für ihn im Vordergrund. Die traditionelle afrikanische Weisheit, die er
auf diese Weise findet, ist nach seinen Worten ganz und gar religiös
geprägt. Auch ein Unterschied zwischen spiritueller und auf das prakti-

---

42 O.T. Oladipo: *An African concept of reality. A philosophical
analysis.* Diss.phil Ibadan 1988, S. 84-86; vgl. PhiA I, 1991, S.106/7.

43 Azim A. Nanji wurde in Nairobi in Kenia geboren, seine Familie
ist indischer Herkunft und seiner Religionszugehörigkeit nach ist er Moslem.
Er studierte in Uganda an der Makerere-Universität Religionswissenschaft,
setzte seine Studien in Kanada fort und kehrte nicht zurück nach Uganda,
weil dort Idi Amin an die Macht gekommen war. Er lehrte Religionswissenschaft am Haverford College in Haverford, Pennsylvania, und ist seit 1989
Professor und (als erster Nichtchrist) Direktor des Department of Religious
Studies an der Universität von Florida in Gainesville.

sche Leben gerichteter Orientierung scheint ihm von außen herangetra-
gen zu sein.

Ähnlich wie Mudimbe in seinem Buch *The invention of Africa*
(s.u.) spricht N. lieber von afrikanischer Gnosis, die sich auf vielfache
Weise ausspricht, als ausschließlich von Philosophie. Er geht davon aus,
daß von Philosophie im strengen Sinn erst zu sprechen ist, wenn eine
allgemeiner gefaßte Weisheitslehre sich von anderen Traditionen abgegrenzt hat und sich so ihrer selbst bewußt geworden ist. Auf diese Weise
sei in der islamischen und christlichen Überlieferung in bestimmten
Situationen der Begegnung und Auseinandersetzung Philosophie entstanden. Im traditionellen Afrika habe sich eine solche Situation nicht ergeben. Vielmehr geschehe jetzt, mit dem Entstehen der akademischen
Philosophie in Afrika (und bei afrikanischen Philosophen in den USA)
eine solche Abgrenzung und Bewußtwerdung.

Von Wiredus und Yais Position aus wird man diese Auffassung
mit großen Fragezeichen versehen müssen. Auch wenn es so sein sollte,
daß jeweils erst eine Abgrenzung von anderem Denken das eigene zu
philosophischem Selbstbewußtsein kommen läßt, wird in N.s Konzeption
die eigene Geschichte Afrikas mit ihren spezifischen Prozessen der Abgrenzung und Bewußtwerdung außer acht gelassen.

Ein Projekt des Department of African Studies an der Universität
von Florida, an dem N. (und auch Yai) mitwirkt, ist für die (beginnende)
Verflechtung afrikanischer und afro-amerikanischer Theoriebildung sehr
instruktiv. N. berichtet von einem Kurs, der für 24 ausgewählte Studenten der HBCU's (Historically Black Colleges and Universities) der
südöstlichen Vereinigten Staaten organisiert worden ist und bei dem
diese Studenten zunächst einige Wochen an der Abteilung für Afrika
Studien der Universität von Florida studieren, um dann eine
mehrwöchige Studienreise nach Tansania und Kenia zu unternehmen.
Bei dieser Gelegenheit erfahre ich auch, daß an den HBCU's zahlreiche
weitere afrikanische Philosophen unterrichten, die z.T. auch als Dozenten
an dem genannten Kurs beteiligt sind (z.B. Kenneth Eke aus Nigeria, der
am Savannah State College des Staates Georgia lehrt).

N. schreibt an einem Buch, in dem er die doppelte Einbindung ("double bind") der afrikanischen Amerikaner herausstellt. Damit formuliert er erneut, was schon in dem Plural des Titels von W.E.B. Du Bois' Werk *Souls of black folks* (New York/Toronto/London/Sydney/Auckland 1989; 1903, 1. Aufl.) zum Ausdruck kam. Das Denken und die Kultur der afrikanischen Amerikaner sind in sich selbst vielfältig: neben der Angleichung an den amerikanischen Lebensstil bleibt die Bindung an afrikanische Traditionen virulent.

### 3. Valentin Y. Mudimbe
### (Durham, NC, 22.06.1993)

Daß M. nicht Fachphilosoph im engeren Sinn des Wortes ist, zeigt sich bereits in der Breite seiner Lehr- und Forschungsaufgaben und ist in seinem Buch: *The Invention of Africa* (Bloomington/Indianapolis 1988) eindrucksvoll dokumentiert.[44] Das ist bei M. in ähnlicher Weise zu verstehen wie bei Foucault, demjenigen der französischen Denker vor und nach 1968, der ihn am meisten beeinflußt hat (neben Sartre, Merleau-Ponty, Lévi-Strauss, Lacan und Althusser). Wie Foucault ist er nicht in erster Linie Philosoph, sondern Historiker, freilich auf eine besondere Art, nämlich umwillen einer Theorie der Gegenwart. Diese wissenschaftliche Grundeinstellung erklärt auch die Wahl des Begriffs "Gnosis" in dem erwähnten Buch zur Kennzeichnung der verschiedenen Formen des Wissens im traditionellen afrikanischen Denken. Die Breite und den Reichtum seiner Analysen, die ich kurz vor dem Abschluß des Ma-

---

44 Valentin Y. Mudimbe stammt aus Zaïre, arbeitete von 1968-70 in Paris-Nanterre und in Louvain an einer philosophisch-philologischen Dissertation und nahm gleichzeitig bereits Lehraufgaben wahr. Von 1970-83 lehrte er in Kinshasa in Zaïre mit der Unterbrechung eines Jahres (1974), das er wegen des Verdachts auf Knochenkrebs in Genf in einem Krankenhaus verbrachte. Seit 1984 lehrt in den USA. Sein Lehrstuhl an der Duke University in Durham (North Carolina) ist nach Ruth F. DeVarney benannt. Die Lehr- und Forschungsaufgaben liegen auf den Gebieten von drei Abteilungen: Romanistik, Vergleichende Literaturwissenschaft und Kulturanthropologie.

nuskripts von *Philosophie in Afrika - afrikanische Philosophie* von 1991 zur Kenntnis nehmen konnte, habe ich damals nicht hinreichend gewürdigt.

Bis heute umgeht M. die Entscheidung, ob unter den Formen des Wissens im traditionellen afrikanischen Denken solche sind, die als philosophisch im strikten Sinn zu bezeichnen sind. Eine solche fachliche Qualifikation ist für ihn nicht interessant. Der philosophische Diskurs ist als solcher vielfältig; und er findet häufig auch dort statt, wo das offizielle Etikett fehlt. So kommen Studenten der Duke University, die etwas über Sartre, Merleau-Ponty oder Foucault lernen wollen, zu M.s Veranstaltungen in den Abteilungen für Romanistik oder für Vergleichende Literaturwissenschaft. Foucault hin oder her - in meinen Augen hat M.s Haltung zur Folge, daß auf diesem Weg dem traditionellen afrikanischen Denken, sofern darin Strömungen von philosophischem Rang vorhanden sind, nicht zu dem Status verholfen werden kann, den es verdient.

Das Übersetzungsproblem, das Wiredu und Yai so sehr beschäftigt, ist für M. mehr praktisch von Belang. Er geht davon aus, daß grundsätzlich alles übersetzbar ist, daß aber auch jede Übersetzung unvollkommen bleiben muß, weil es einen größeren oder kleineren unübersetzbaren Rest gibt. Daß die religiösen Diskurse im Prozeß der Kolonisierung deutlche politische Implikationen gehabt haben, ist für M. ebenso evident wie für Yai, wie er in seinem Buch *Parables and fables. Exegesis, textuality, and politics in Central Africa* (Madison, Wisc./- London 1991) zeigt und wie er in den "Jordan Lectures" von 1993 in London näher ausgeführt hat. Im Blick auf eine interessierte Leserschaft gerade auch unter der schwarzen Bevölkerung Amerikas hat M. ein großes Übersetzungsprojekt initiiert. Für alle zwanzig Bände der französischen Reihe "Classiques africains" mit poetischen, religiösen, philosophischen und anderen Texten aus verschiedenen afrikanischen Sprachen soll die französische Übersetzung ins Englische übertragen und am afrikanischen Original überprüft werden. In diesem Projekt werden wiederum afrikanische Interessen mit denjenigen afrikanischer Amerikaner zusammengebracht.

Ein neues Buch von M.s Hand mit dem Titel: "The idea of Africa" ist im Druck. Es wird erneut in großer Breite Diskurse über Afrika
und Diskurse von Afrikanern analysieren. Der Vorabdruck eines Kapitels
in "Transition" 58 (1992) über *African Athena* beschäftigt sich kritsch
mit Bernal's Buch zu diesem Thema.[45] M. findet es kennzeichnend für
den Argumentationsstil des Briten Bernal, der jetzt in Ithaka im Staat
New York lehrt, und auch für den Grad seiner Solidarität mit afrikanischen und schwarzen amerikanischen Intellektuellen, daß er sich neuerdings der problematischen Bewegung des  schwarzen Antsemitismus in
den USA angeschlossen hat. In seinem Artikel: *The power of the Greek
paradigm* in "The South Atlantic Quarterly" (92, Nr. 2 (1993), S. 361-
385) arbeitet M. auf seine eigene Weise an der Dekonstruktion des
"griechischen Wunders". Darin liegt nach seiner Meinung der berechtigte
Aspekt der Arbeiten M. Bernal und auch schon von Cheikh Anta Diop,
George G.M. James, Henry Olela u.a..[46] M.s Ansatz ist indessen weniger
ideologisch bestimmt und stärker an einer kritischen Auswertung der
Quellen orientiert.

M. ist einer der wenigen afrikanischen Philosophen, der die Tren-
nungslinie zwischen englisch- und französischsprachigen Gebieten definitiv überschritten hat. Aus dem französischsprachigen Zaïre kommend
und nach seinen Erfahrungen in Paris lehrt er jetzt in englischer Sprache.
Angesichts der guten Möglichkeiten zu forschen, gerade auch über "A-
frikanismus", die in den USA geboten werden, schätzt er seinen Aufenthalt in diesem Land. Für seine zahlreichen großen Projekte hat er

---

45 M. Bernal: *Black Athena.* Bd 1: *The fabrication of ancient Greece.* London 1987.

46 L.Harding/B. Reiwald (eds): *Afrika - Mutter und Modell der
europäischen Zivilisation? Die Rehabilitierung des schwarzen Kontinents
durch Cheikh Anta Diop;* G.G.M. James: *Stolen legacy. The Greeks were not
the authors of Greek philosophy, but the people of North Africa commonly
called the Egypts.* New York 1954; H. Olela: *From ancient Africa to ancient
Greece. An introduction to the history of philosophy.* Atlanta (GA) 1981; Ch.
Kamalu: *Foundations of African thought. A worldview grounded in the African heritage of religion, philosophy, science and art.* London 1990.

gute Assistenten und Hilfskräfte zur Verfügung. Den "SAPINA Newsletter" und den Sammelband *The surreptitious speech* habe ich bereits erwähnt, ebenso das umfangreiche Übersetzungsprojekt der "Classiques africains". Ferner ist die "Encyclopedia of African Religions and Philosophy" sehr wichtig, für die M. als "Editor in Chief" verantwortlich zeichnet, für die er viele Gelehrte aus Afrika, Europa und Amerika als Mitarbeiter gewonnen hat und die 1995 erscheinen soll.

Schließlich möchte ich noch auf ein Internationales Seminar über "Nation, Identities, Cultures" hinweisen, daß M. im ersten Semester des Studienjahres 1993-94 veranstaltet. Dieses Seminar konzentriert sich auf drei Begriffe: Nation, Ethnisierung und den Rückzug des Sozialen. In M.s Umschreibung des Seminars wird die interessante These aufgestellt, daß im 20. Jahrhundert die meisten Denker (mit der Ausnahme Heideggers, wie M. sagt) gewissermaßen Exilanten des 19. Jahrhunderts sind, weil die Problemstellungen und die leitenden Begriffe aus dem 19. Jahrhundert stammen und (noch) nicht (in ausreichendem Maß) auf eine neue Weltlage bezogen sind. Daraus könnte man folgern, daß diese Denker unabhängig davon, wo sie sich geographisch befinden, in einer Art Exil oder Diaspora leben und arbeiten. In einem "Zwischen", das hier zeitlich gemeint ist: nach dem 19.Jahrhundert und vor einer historischen Epoche, deren Konturen noch undeutlich sind. In diesem Sinn könnte man nach M. im Blick auf die heutige philosophische und zeitdiagnostische Arbeit von einem "Post-19. Jahrhundert-Zeitalter" sprechen, eher als - der Mode folgend - von einem postmodernen.


## 4. Smithonian Institution
(Washington, D.C., 24./25.6.1993)


Von den zahlreichen Ausstellungen in den verschiedenen Museen der Smithonian Institution hat sich von zweien aus ein direkter Zusammenhang mit dem Thema meiner Reise ergeben. Im "National Museum of African Art" befindet sich auf der zweiten (unterirdischen) Ebene eine

Ausstellung mit dem Titel *Astonishment and power. Kongo Minkisi and the art of Renée Stout* und im "Hirshhorn Museum and Sculpture Garden" ist auf der zweiten Etage eine Ausstellung mit Werken von Alison Saar zu sehen (Titel: *Directions*). In beiden Fällen geht es darum, daß heutige afro-amerikanische Künstlerinnen in ihrem Werk wichtige Anregungen aus traditioneller afrikanischer Kunst empfangen.

Renée Stout fühlt sich insbesondere inspiriert durch bestimmte Gegenstände, die am Ende des 19. und am Beginn des 20. Jahrhunderts im Königreich Kongo gemacht worden sind. Das Territorium dieses Königreichs liegt im Mündungsgebiet des Kongo-Flusses und gehört heute zu den Republiken Kongo, Zaïre und Angola. W. MacGaffey, Anthropologe am College von Haverford, PA, hat den Charakter der Gegenstände näher bestimmen können, die als Minkisi (Sg. Nkisi) bezeichnet werden. Er schreibt: "Minkisi sind (von Menschen) gemachte Dinge; aber sie können durch Beschwörung dazu gebracht werden, gewünschte Wirkungen hervorzubringen. Sie haben (auch) ihren eigenen Willen, und sie können bewußt das Verhalten von Menschen bestimmen ... (Es gibt) Leute, die davon abhängig sind, daß Minkisi Dinge für sie tun, selbst ihr Leben möglich machen."[47]

In und an diesen Gegenständen aus Holz sind Substanzen enthalten bzw. befestigt, die ihnen die Fähigkeit zu solchen Wirkungen verleihen: zahlreiche Nägel, Spiegel, Kaurimuscheln, Knochen von Tieren, Federn u.dgl. Selbstverständlich war der Gebrauch der Minkisi in bestimmte Riten eingebunden. Man findet sie heute in vielen Museen für afrikanische Kunst.

Renée Stout ist eine afrikanisch amerikanische Künstlerin, die 1958 in Junction City, Kansas, geboren wurde und heute in Washington, D.C., lebt. Sie fühlt sich im allgemeinen stark mit afrikanischer Kunst verbunden, ist aber auf ganz besondere Weise durch Zentralafrika und in starkem Maß durch Minkisi beeinflußt. Dabei ist es keineswegs so, daß sie diese Gegenstände nachahmt. Aber was sie aus sich selbst heraus macht, hat eine deutlich erkennbare Verwandtschaft zu den Minkisi. Das

---

47 W. MacGaffey: *The personhood of ritual objects.* In: Etnofor 3, Nr. 1 (1990), S. 45.

drückt sich auch in den Titeln ihrer Werke aus: "Fetisch Nr.1", "Grab-
stein für Marie Caveau", "Kraft-Objekt der Vorfahren" oder "Medi-
zinschränkchen". Im übrigen ist die Art der Verwandtschaft zwischen
den Minkisi und den von ihr geschaffenen Gegenständen in Worten
schwer auszudrücken.

Das Thema der Kunst von Alison Saar könnte man als das reiche
spirituelle Leben der gewöhnlichen (zumeist schwarzen) Menschen ihrer
Umgebung beschreiben. Sie wurde 1956 in Los Angeles geboren und
lebt heute in Brooklyn, New York. Nach ihren eigenen Worten sind ihre
Werke darauf gerichtet, "die Idee der Kräfte der Welt" zu erfassen.
Dabei ist sie von traditionell afrikanischer Kunst stark beeinflußt. Auch
bei ihr besteht für eine bestimmte Gruppe ihrer Werke eine besondere
Beziehung zu den Minkisi aus dem Königreich Kongo. Vor allem aber
ist "das vielfältige, Jahrhunderte alte Vermächtnis der afrikanischen
Diaspora in den Amerikas (ein) ... Brennpunkt" ihrer Arbeit. (Zitat aus
dem Ausstellungskatalog) Beispiele sind: Die "fünf Männer genannt
Moe" (1989), die sie auch ein "Kräfte-Totem" nennt, ein mit Rosen täto-
wierter schwarzer männlicher Körper (1991), der "Sterbende Sklave"
(1990), dessen Darstellung indessen auch westliche stilistische Merkmale
erkennen läßt, oder "Mamba Mambo" (1985), die Figur der Göttin der
Liebe, die neben traditionell afrikanischen stark durch afro-karibische
Einflüsse geprägt ist. Auch afro-amerikanische Musik, Lieder von Kath-
leen Battle oder Louis Jordan, bilden eine Quelle ihrer Inspiration.

Die Linien der Affinität, Beeinflussung und Verbindung zwischen
den Amerikas und Afrika sind nicht dieselben in der bildenden Kunst
und in der Philosophie, aber sie sind auch nicht ohne Bedeutung fürein-
ander.[48]

---

48 Vgl. hierzu R.F. Thompson: *Flash of the spirit. African and Afro-
american art and philosophy.* New York 1984.

5. Lucius Outlaw
(Haverford, PA, 29./30.06.1993)

Wiredu und Mudimbe hatten mich auf O. verwiesen, um die Möglichkeiten einer Verbindung zwischen afrikanischer Philosophie (in
Afrika und in Amerika) und afro-amerikanischer Theoriebildung auf den
Gebieten der politischen und Sozialphilosophie zu diskutieren.[49] O. hat
den Entwurf einer solchen Verbindung bereits schriftlich formuliert und
ihr den Namen "Africana-Philosophie" gegeben.[50] Anschließend an seinen bekannten Artikel: Deconstructive and reconstructive challenges in
African philosophy wiederholt er sein Eintreten für eine in sich
vielfältige afrikanische philosophische Tradition.[51] "Hountondjis Fehler
bei seiner Kritik an Tempels und dem Projekt der Ethnophilosophie war,
daß er Tempels und Kagame geglaubt hat, die Philosophie der Bantu sei
nur implizit in ihrer Sprache zu finden und müsse von einem Dritten
(Nicht-Bantu) reflektiert und formuliert werden." So sagt O. wörtlich.

Warum sollte man das auch annehmen, daß in den Bantu-Völkern
keine Menschen gelebt haben und leben, die selbst philosophisch reflek-
tieren. Von der Akan-Philosophie wissen wir etwas durch Gyekye und
Wiredu, von der Yoruba-Philosophie durch Gbadegesin sowie durch
Hallen und Sodipo, von der Dogon-Philosophie durch Ogotemmêli (und
Griaule) sowie durch Tierno Bokar (und Bâ).[52] So entsteht nach und

---

49 Lucius Outlaw ist in USA, im Staat Mississipi, geboren und ausgebildet. Nach einer Stelle als Dozent an einem Black College in Baltimore
ist er seit 1980 Professor für Philosophie am Haverford College in der Nähe
von Philaldelphia, PA.

50 L. Outlaw: *African, African American, Africana philosophy.* In:
The Philosophical Forum 24, Nr. 1-3 (1992/93). Special Triple Issue: African
American perspectives and philosophical traditions, S. 63-93.

51 L. Outlaw in: Contemporary philosophy. A new survey. Hrsg. von
G. Floistad. Volume 5: African philosophy. Dordrecht/Boston/Lancaster
1987, S. 9-44.

52 K. Gyekye: *An essay on African philosophical thought. The Akan
conceptual scheme.* Cambridge 1987; K. Wiredu: *Philosophy and an African*

nach ein hinreichend differenziertes Bild der afrikanischen Philosophie.

Die afro-amerikanische Philosophie hat sich in erster Linie als politisches und soziales Denken entfaltet. Das ist aus der Situation des Kampfes um die Befreiung aus Sklaverei und Unterprivelegierung der schwarzen Bevölkerung der USA unmittelbar verständlich. Daraus ergibt sich eine Verwandtschaft mit bestimmten Richtungen der afrikanischen Philosophie, die im Zusammenhang des Kampfes um Unabhängigkeit von der kolonialen Herrschaft entstanden sind. In diesem Gebiet gibt es auch direkte Wechselwirkungen, wie insbesondere die Zusammenarbeit von W.E.B. Du Bois und K. Nkrumah zeigt. Aber man muß nach O. auch sehen, daß diese politischen und sozialen Theorien, die in den Sammelbänden von H. Brotz (ed.), *African American social and political thought. 1850-1920* (New Brunswick, NJ, 1992) und Ch.A. Frey, *A black philosophy reader* (Lanham, MD, 1980) ziemlich umfassend dokumentiert sind, auch deutliche metaphysische, ethische und erkenntnistheoretische Implikationen haben.

Im Projekt der Africana-Philosophie sucht O. afrikanische Philosophie, die in Afrika entstanden ist, und afrikanische Philosophie der Diaspora zusammen zu bringen. Er versucht die Konturen einer neuen philosophischen Disziplin zu entwerfen, die dieses Projekt zur Ausführung bringen kann. Die Diversität eines dekonstruktiven Ansatzes neben partiellen Rekonstruktionen, die gewissermaßen einzelne Bausteine liefern, sind die wichtigsten methodologischen Merkmale der neuen Disziplin. Inhaltlich wird sie nach O. nicht ohne den Begriff der "Rasse" auskommen. Er arbeitet an einem Buch über "Rasse und Philosophie", und er wendet sich in diesem Zusammenhang ausdrücklich gegen Appiahs Auffassung, daß Rassen nicht real seien. Das ist nach seinen Worten "Idealismus von der schlechtesten Art". Gegen Appiahs Kritik an dem

---

*culture*. Cambridge 1980; S. Gbadegesin: *African philosophy* (s. Anm. 41); B. Hallen/J.O. Sodipo: *Knowledge, belief and witchcraft. Analytic experiments in African philosophy*. London 1986; M. Griaule: *Dieu d'eau. Entretiens avec Ogotemmêli*. Paris 1966; A.H. Bâ: *Vie et enseignement de Tierno Bokar. Le sage de Bandiagara*. Paris 1980.

Rekurs auf rassische Merkmale zur Kennzeichnung der Zusammengehörigkeit Afrikas und der Afrikaner verteidigt O. Du Bois' Rassenbe-
griff, der die biologische Bestimmtheit als ein notwendiges Element
enthält, das aber immer durch andere Elemente (historische, kulturelle,
soziale) begleitet und überformt wird, so daß die biologische Bestimmtheit niemals isoliert gedacht werden kann.[53]
    Hierüber habe ich mit O. ausführlich diskutiert. Ein weiterer Dis-
kussionspunkt war, daß meiner Meinung nach sein dekonstruktiver Ansatz und der Begriff der "Afrocentricity", den er von Asante übernimmt,
nicht zusammen passen. Auch wenn letzterer diesen Begriff lediglich gebraucht, um - gegen Afrikas Fremdbestimmung durch den Eurozentrismus - die verschiedenen Motive des afrikanischen Denkens und afrikanischer Kultur nach eigenen Prinzipien zu ordnen,[54] scheint mir ein
Ordnungsprinzip, das von dem Verhältnis eines Zentrums zu weniger
zentralen (schließlich marginalen) Aspekten ausgeht, noch hierarchisch
gedacht zu sein und die möglichen Verschiebungen innerhalb eines
Ordnungsmodells nicht deutlich genug in Rechnung zu stellen.


6. Kwame A. Appiah
(Boston, MA, 10.07.1993)


    Die Verbindung von afrikanischer Philosophie (in Afrika und in
den USA) und den theoretischen Arbeiten der afrikanischen Amerikaner
(in USA, im Karibischen Raum und in Brasilien) ist für A. eine Gegebenheit, die in seinen Studien eine wichtige Rolle spielt, ohne daß er
(wie Outlaw) diese Traditionen unter einem Begriff (Africana) zusam-

---

    53 L. Outlaw: *Against the grain of modernity. The politics of diffe-
rence and the conservation of "race"*. In: Man and World  25  (1992), S.
443-468.

    54 M.K. Asante: *Afrocentricity. The theory of social change*. Buffalo
1980; Ders.: *The afrocentric idea*. Philadelphia 1987.

men zu fassen sucht.[55] Den Einfluß van A. Crummell, E.W. Blyden, Africanus Horton, W.E.B. Du Bois u.a. auf das Entstehen des panafrikanischen Gedankens und die "Illusions of Race", denen sie dabei auf verschiedene Weise verhaftet bleiben, hat A. in den ersten beiden Kapiteln seines Buches: *In my father's house. Africa in the philosophy of culture* (London 1992) genauer analysiert.

A.'s Haltung ist überhaupt durch eine vorsichtige, auf empirische Gegebenheiten begründete und in klaren Argumentationsschritten sich vollziehende Theoriebildung geprägt. Auch sein Satz, daß Rassen nicht real (wirklich) sind, ist so gemeint, daß sich jeweils nur aus der Empirie erheben läßt, wie stark das Bewußtsein, schwarz oder weiß zu sein, das Denken und Handeln bestimmt. Unabhängig von solchen Befunden kommt der Zugehörigkeit zu einer Rasse keine Bedeutung zu. (Vgl. u. Supplement 3.) Outlaw's Kritik an A.'s Begriff der Rasse scheint mir nicht genügend auf diese genaue Konzeption einzugehen.

Im Gespräch vergleicht A. den Realitätsgehalt der Rassen(zugehörigkeit) mit dem der Zauberei ("witchcraft"). Welche Rolle diese in der Wirklichkeit spielt, hängt davon ab, in welchem Maß die Menschen einer Gesellschaft daran glauben. Dies bringt bestimmte Effekte hervor, die wirklich sind. Dabei bleibt offen, was das reale Substrat eines solchen Glaubens ist und ob es ein solches Substrat überhaupt gibt.

Eine Schwierigkeit sieht A. selbst darin, daß er seine Auffassungen zum Thema "Rasse", "Rassismus" und "Rassialismus" zu sehr im Sinne abstrakt-begrifflicher Unterscheidungen dargestellt hat, so daß er vor allem von nicht-philosophischer Seite leicht mißverstanden werden konnte. Für ein breiteres, auch nicht-philosophisches Publikum in Amerika und in Afrika, aber freilich auch in anderen Teilen der Welt möchte

---

55 Kwame A. Appiah ist in Kumasi (Ghana) geboren und hat dort seine Kindheit verbracht. Er hat an der Universität von Cambridge Philosophie studiert, war Dozent und Professor für Philosophie in Legon-Accra und an verschiedenen nordamerikanischen Universitäten. Seit 1989 ist er Professor für Philosophie und afro-amerikanische Studien an der Harvard Universität in Cambridge, MA, einem nordwestlichen Vorort von Boston.

er seine Rassentheorie mehr soziologisch-konkret ausarbeiten.

Daß die afrikanische "Ontologie des Unsichtbaren" neben einer stark wissenschaftlich geprägten westlichen Epistemologie gleichermaßen gültig ist und bleibt, was in dem genannten Buch eine wichtige Rolle spielt (S. 219/20), bestätigt A. zwar im Gespräch, sucht diese These aber weitgehend zu differenzieren und von bestimmten empirischen Gegebenheiten aus zu erläutern. Robin Horton's berühmte Unterscheidung zwischen traditionellem afrikanischem Denken und moderner westlicher Wissenschaft[56] - so wichtig und bahnbrechend sie auch gewesen sein mag - setzt nach A. insofern falsch an, als sie Äpfel und Apfelsinen vergleicht. Für Afrika werden allgemeine, in einem Volk vorhandene Auffassungen betrachtet und für den Westen die Konzeptionen einer idealisierten wissenschaftlichen Elite. Tatsächlich gibt es im Westen Beispiele genug für den Glauben an unsichtbare Kräfte (im Christentum, in der Astrologie, in der alternativen Medizin usw.), und in Afrika findet man auch sehr viel Nüchternheit und Realitätssinn. Wo und wie sich Unterschiede festmachen lassen, muß im Einzelfall genau geprüft werden. Ansätze eines adäquateren Vergleichs findet A. auf den Gebieten der Kräuterheilkunde ("herbalists" und "medicine men") und der westlichen medizinischen Wissenschaft. Jedenfalls ist hier die Einsicht gewachsen, daß beide nebeneinander ihr Recht haben und voneinander lernen können.

Ähnlich behandelt A. auch die Frage nach der Demokratie in Afrika. Afrikanische Staats- und Regierungsformen sind einerseits untereinander sehr verschieden (von republikanisch-demokratisch bis zu monarchisch-autokratisch), andererseits ist mit der Institution eines starken Herrschers oder Königs noch nichts darüber gesagt, in welchem Maß und auf welche Weise bei der Entscheidungsfindung auch Kräfte von unten und die Partizipation vieler Mitglieder einer Gemeinschaft eine Rolle spielen. Die Aspekte demokratischen Verhaltens und demo-

---

56 R. Horton: *African traditional thought and Western science*. In: Rationality. Hrsg. von B.R. Wilson. Oxford 1974, S. 131-171; Ders.: *Tradition and modernity revisited*. In: Rationality and relativism. Hrsg. von M. Hollis/St. Lukes. Oxford 1982, S. 201-260.

kratischer Politik in den traditionellen und in den heutigen afrikanischen
Staaten müssen nach A. von afrikanischen Voraussetzungen aus und
ohne Voreingenommenheit durch westliche Modelle untersucht werden.

### 7. Museum for African Art
### (New York City, 14.07.1993)

Von der großen, sehr schönen und informativen Ausstellung *Se-
crecy: African Art that Conceals and Reveals* im Museum for African
Art möchte ich nur ein Objekt erwähnen, das mir im Blick auf die Frage
nach Formalisierungen im traditionellen afrikanischen Denken wichtig zu
sein scheint. Es handelt sich um ein "Lukasa" oder "Memory Board" der
Luba in Zaïre. Auf einer Unterlage von Holz in der Form eines menschlichen Oberkörpers sind Perlen von verschiedener Farbe und Form durch
Nägel befestigt und in einer bestimmten Art angeordnet. Nach dem Text
des Ausstellungskatalogs erinnern sie "Luba story tellers of events and
people in royal history".

Dieses "Lukasa" sieht jedoch sehr ähnlich aus wie die schema-
tische symbolische Darstellung des Aufbaus der Lehre Tierno Bokars,
die uns durch A. Hampaté Bâ überliefert ist.[57] Die Frage, die vielfach
schlichtweg negativ beantwortet worden ist, *ob und in welcher Form es
im traditionellen afrikanischen Denken formale oder symbolische Logik
gegeben hat und gibt,* scheint mir von hier aus weiterer Untersuchungen
wert zu sein. (S. die Abbildung auf der nächsten Seite.)

Ausführlicher möchte ich auf die kleinere zusätzliche Ausstellung
eingehen: *Home and the World. Architectural Sculpture by Two Contemporary African Artists.* Aboudramane, ein Künstler aus Abidjan (Elfenbeinküste), der heute vorwiegend in Paris lebt und arbeitet, hat Modelle
von Häusern, Moscheen, Palaver- und Kultstätten gemacht, deren Ge-
staltung (Lehmbauweise, Strohbedeckung usw.) aus dem traditionellen

---

57 A.H. Bâ: *Vie et enseignement de Tierno Bokar. Le sage de Bandiagara.* Paris 1980, S. 196, 211 und 221.

Sogenanntes Memory-Board (s. S. 65)

(West)Afrika aufnimmt. Hausformen und Bauweisen, die im Modernisierungsprozeß immer mehr zu verschwinden drohen, sucht er auf diese
Weise für das Gedächtnis festzuhalten. Deshalb spricht er auch von
"Sculptures-mémoires", bei denen viele für den westlichen Betrachter
nicht zu deutende Zeichen und Symbole verwendet werden. Die Modelle
oder "Architectural sculptures" sind aber alle leer, nicht (mehr) benutzt
und belebt.

Demgegenüber entwirft Body Isek Kingelez aus Kinshasa (Zaïre),
der aber auch viel in der europäisch-westlichen Welt gereist ist, Modelle
für futuristische Gebäude, bei denen Elemente des heutigen Kinshasa mit
solchen westlicher Großstädte und des sowjetischen Baustils aus der
Stalinzeit vermischt werden. Diese Maquetten scheinen in ihren gewag-
ten und geschwungenen Formen bautechnisch kaum ausführbar zu sein.
Das Vorliebe für das Paradoxe im Postmodernismus wird gewissermaßen
auf die Spitze getrieben. Auch hier begegnen wir einer unwirklichen
Welt, die aber nicht aus der Vergangenheit etwas erinnert, sondern in die
Zukunft vorgreift. Wiederum ist alles (noch) unbelebt und unbenutzt.

Sind dies auf ganz entgegengesetzte Weise Dokumente der Ent-
wurzelung und der Ortlosigkeit der afrikanischen Menschen? Oder stehen sie für die Unspezifische der Architektur und der gebauten Umgebung in einer Welt neuer nomadischer Existenzen und sich vermischen-
der Kulturen? Vielleicht verbinden sich Erinnerungen und Zu-
kunftsentwürfe zu einem neuen utopischen Potential.

Der Titel des ersten Beitrags im Katalog der Ausstellung: *Home is
where the art is* von C. Olalquiaga aus Venezuela, die heute in New
York City lebt, erinnert mich an das von Heidegger zitierte Hölderlin-
Wort: "...dichterisch wohnet der Mensch". Wenn es wahr ist, daß die
Erde und die Gebäude, die Menschen darauf errichten, bewohnbar werden durch das (dichterische) Wort, durch das sie gedeutet werden, kann
auch in einer Zeit der Heimat- und Ortlosigkeit der Menschen die Kunst
ein Zuhause bieten. Die Kunst macht die Erde bewohnbar, auch wenn
das Wohnen selbst zwischen Tradition und Zukunft unspezifisch geworden ist. Liegt in dieser Einsicht ein Vermächtnis der afrikanischen

Künstler an die heutigen Menschen, ob sie nun Afrikaner sind oder nicht? Die afrikanische Kunst spricht offensichtlich zu den heutigen Menschen. Das zeigt sich an den großen Besucherzahlen der Ausstellungen. Sie bringt Afrikanisches ein in die Bemühung, die Existenzprobleme der heutigen Zeit zu artikulieren und einer Lösung näher zu bringen.

8. F. Abiola Irele
(Columbus, OH, 21.07.1993)

Afrikanische, afro-amerikanische und karibische Literaturen bilden für I. ein zusammenhängendes Thema.[58] Deshalb räumt er auch dem Projekt einer Africana-Philosophie, wie es von Outlaw geplant wird, gute Chancen ein. Dabei legt er wie dieser den Nachdruck auf die Diversität innerhalb dieser Bereiche und zwischen ihnen.

Durch sein Studium in Paris (insbesondere bei L. Goldmann) ist I. angeregt worden, Hegel zu lesen und dialektische Denkmuster zu gebrauchen. Sein wichtigstes Thema ist von dieser Art: *In praise of alienation*.[59] Die entfremdeten Verhältnisse im heutigen Afrika, wie sie insbesondere durch die koloniale und nachkoloniale Geschichte hervorgerufen sind, tragen nach I. Bedingungen und Kräfte in sich, diese Entfremdung zu überwinden und in etwas Positives umzukehren. Aus dieser Sicht läßt sich selbst der Kolonisierung ein positiver Aspekt abgewinnen. Jedenfalls ist die Modernisierung und Europäisierung Afrikas ein unumkehrbarer Prozeß, und deshalb kann die Frage nur noch lauten, wie

---

58 F. Abiola Irele stammt aus Nigeria und hat zunächst an der Universität von Ibadan (Nigeria) englische Sprache und Literatur studiert, danach in Paris französische Sprache und Literatur. Nachdem er einige Jahre Professor für Romanistik in Ibadan gewesen ist (seit 1982), wird er 1987 nach Columbus, OH, berufen mit einem Lehrauftrag für afrikanische Literatur und vergleichende Literaturwissenschaft.

59 F.A. Irele: *In praise of alienation. An Inaugural Lecture.* Ibadan 1982. In gekürzter Fassung auch in: The surreptitious speech. Hrsg. von V.Y. Mudimbe. L.c. , S. 201-224.

daraus etwas Positives zu machen ist.

Trotz aller Europäisierung sind traditionelle Formen des Handelns und Denkens, auch auf dem politischen und gesellschaftlichen Gebiet, heute noch lebendig und haben wichtige Funktionen. Das deutlichste Beispiel ist die "extended family". Aber sie lassen sich schlecht in den Modernisierungsprozeß einfügen. So muß es als äußerst schwierig erscheinen, wie die Yoruba mit ihren Stadtstaaten, die Ibo mit ihrer republikanischen Tradition und die Haussa mit ihrer feudalistischen Gesellschaftsstruktur zu einem demokratischen Staat Nigeria zusammengefügt werden können. Dabei geht I. ausdrücklich davon aus, daß es zur Logik der kapitalistischen Wirtschaft gehört, die dem Modernisierungsprozeß zugrundeliegt, daß im sich modernisierenden Afrika demokratische Staaten entstehen.

Die Inkompatibilität traditioneller und sich modernisierender Verhältnisse mit allen Pathologien, die sich daraus ergeben, führt aber nach I. nicht dazu, daß die bestehenden Probleme im heutigen Afrika unlösbar sind. Den Philosophen kommt vielmehr eine wichtige Aufgabe zu, diese Probleme zu durchdenken und zu klären, wodurch sie einen wesentlichen Beitrag zu ihrer Lösung leisten können.

Wiredus und Yais Bemühungen um angemessenere Übersetzungen wichtiger Grundbegriffe afrikanischer Sprachen schätzt I. sehr positiv ein. Auf dem Gebiet der Literatur begegnen ihm ähnliche Probleme, wenn sich westliche Kategorien als ungeeignet erweisen, Formen der afrikanischen Literatur zu erfassen, etwa die Bezeichnungen des Epischen oder des "Praise poem". Die Behandlung solcher Probleme sieht er als einen Beitrag, die Bedingungen der Modernisierung davon abzuheben, um auf diesem Weg so viel wie möglich weiter zu kommen.

Diese Grundauffassung erklärt auch I.'s skeptische Einstellung gegenüber Mudimbes Versuch, die theoretischen Voraussetzungen von Foucaults Denken als Instrumentarium zu benutzen zur Erfassung der Verhältnisse in Afrika. Der Rationalitätskritik von Foucault und Derrida räumt er zwar ein gewisses Recht ein, sofern sie die Selbstzufriedenheit der herrschenden westlichen Denkströmungen angreift. Er steht aber selbst eher auf der Seite von Habermas, der den "Diskurs der Moderne" gegen solche Angriffe verteidigt, indem er den Rationalitätsbegriff (im Sinne des jungen Hegel) zu erweitern sucht. Schließlich hält I. Foucaults Denkvoraussetzungen auch zu sehr für eine rein westliche Vorgabe, um von ihnen aus afrikanische Diskurse und Diskurse über Afrika in einer adäquaten Weise zu analysieren.

### Verbindungslinien und weiterführende Gedanken

Allen meinen Gesprächspartnern in Amerika habe ich eine Frage gestellt, deren Beantwortung ich in einem allgemeineren Rahmen wiedergeben möchte, ohne namentlich anzugeben, wer welche Argumente gebraucht hat. Es geht um Probleme der Entwicklungspolitik, sofern sie auch von philosophischer Seite aus zu durchdenken sind. Welche Gründe kann man angeben, warum die westliche Entwicklungspolitik in Afrika, an der die afrikanischen Regierungen mitwirken, im allgemeinen so schlecht greift, warum sich in Afrika traditionelle Weisen des wirtschaftlichen und politischen Handelns mit westlicher Ökonomie und Politik bisher nicht auf eine produktive oder im Sinn der intendierten Entwicklung erfolgreichen Art und Weise verbinden? Wenn man nach Japan oder auch nach China, Thailand oder südostasiatischen Ländern schaut, sieht man leicht, daß sich hier eine effektivere und erfolgreiche Art der Verbindung ergeben hat und ergibt.

Das Ausbleiben einer solchen Entwicklung in den meisten afrikanischen Ländern (südlich der Sahara) wird von meinen Gesprächschspartnern zumeist mit der besonderen Art der Kolonisierung Afrikas erklärt. Die Eigenart der afrikanischen Kultur in allen ihren Spielarten ist zu sehr mißverstanden, für wertlos erklärt und auch vernichtet worden, als daß nun auf einfache Weise eine positive Beziehung möglich wäre.

Ein entscheidendes Argument ist in meinen Augen, daß den Afrikanern vielfach der westliche Arbeitsbegriff und das westliche Arbeitsethos fremd geblieben sind, daß auch die religiös-ideologischen Voraussetzungen hierfür nicht bestehen. Auch der Gedanke wurde mehrfach geäußert, daß Afrika das letzte Glied in einer Kette ist, in der sich frühere jeweils auf Kosten der späteren entwickeln konnten. Ferner hieß es: Je größer das Gefälle von reich nach arm ist, desto größer ist auch die Gefahr der Korruption, bei der einzelne sich bereichern, ohne z.B. bestimmte Mittel der Entwicklungshilfe der Allgemeinheit zugute kommen zu lassen.

Als bedeutsam galt ebenfalls, daß die Erwartungen der westlichen Länder zu sehr von eigenen Vorstellungen ausgehen. So sei die Erwartung irrig, daß bestimmte Phasen, die in der Geschichte der westlichen ökonomischen Entwicklung stattgefunden haben, in den afrikanischen Ländern Schritt für Schritt wiederholt oder nachgeholt werden müßten.

Schließlich fand ich Zustimmung für den Gedanken, daß das Scheitern der Entwicklungspolitik in Afrika (bis heute), das Nicht-Zustandekommen einer "erfolgreichen" Verbindung afrikanischer und westlicher Handlungsweisen auf wirtschaftlichem und politischem Gebiet auch eine kritische Anfrage an westliche Maßstäbe und westliches Entwicklungsdenken enthält. Dies sollte dann ein Anstoß sein, um die Besinnung auf den herrschenden Entwicklungsbegriff, die ja im Gange ist, bis in ihre radikalen Konsequenzen hinein durchzuführen. Ein Kernpunkt dieser Besinnung ist zweifellos die Frage, inwieweit die fortschreitende wirtschaftliche und technologische Entwicklung sich mit der Erhaltung des ökologischen Gleichgewichts vereinbaren läßt. Dabei geht es nicht nur um "sustainable development", sondern um die weitergehende Frage der Begrenzung und anderweitigen Einbindung des Entwicklungsdenkens überhaupt.

Daß der Dialog mit der afrikanischen Philosophie ganz neue Fragestellungen erfordert oder vorhandene neue Fragestellungen verschärft und radikalisiert, zeigt sich auch in Appiahs Bemühen, neben der westlich-wissenschaftlich bestimmten Epistemologie an der "unsichtbaren Ontologie" des afrikanischen Denkens festzuhalten. Dabei soll nicht ein naïves magisches Denken oder ein einfacher Geisterglaube der Afrikaner gegen das wissenschaftlich unterbaute Weltbild der westlichen Menschen ins Feld geführt werden. Dieser nach beiden Richtungen einseitige und verkehrte Vergleich ist nach Appiah der Hauptfehler Hortons in seinen berühmten Artikeln über "Tradition and modernity".[60]

Unsichtbare Kräfte spielen im westlichen Denken ebenfalls eine große Rolle. Das gilt nicht nur für das Alltagsbewußtsein, in dem Astrologie und Wunderdoktoren, Wetterfühligkeit und Engelglaube neben vielem anderen einen breiten Raum einnehmen. Auch die Wissenschaft ist gerade in ihren avanciertesten Entwicklungen durchaus offen für Erscheinungen, die mit den bisherigen Mitteln (noch) nicht meßbar oder konstatierbar sind. Deshalb ist der Ansatz, diese Bewußtseinsdimensionen epistemologisch geltend zu machen, aus westlicher Sicht als der Versuch zu bewerten, eine ehrlichere oder verdrängungsfreiere Erkenntnistheorie aufzubauen. Auf diese Weise wird unmittelbar deutlich, daß die afrikanische Philosophie auch unsere Sache ist: tua res agitur.

Appiahs und Outlaws Meinungsverschiedenheit, ob Rasse (ein) real(es Prädikat) ist oder nicht, verliert angesichts der Entdeckung des Fremden im Eigenen meines Erachtens an Brisanz. Beide sagen, daß Rasse als bestimmender Faktor des Handelns und Denkens nicht an sich faßbar ist, unabhängig von anderen Faktoren wie Geschichte, soziale Zugehörigkeit, Kultur usw. Die gewaltigen negativen Auswirkungen des Rassismus im 19. und 20. Jahrhundert sind indessen Anlaß genug, den Realitätsgehalt der Rasse herunterzuspielen und nach historischen, soziologischen und kulturellen Erklärungen des Handelns und Denkens zu suchen. Andererseits bleibt ein Rest des Unerklärbaren in der Eigenart menschlichen Handelns und Denkens, der auch durch die Rassenzugehörigkeit bestimmt sein kann.

In diesem Zusammenhang scheint mir Althussers Theorie der Überdeterminierung hilfreich zu sein. Wie die Ökonomie ist auch die Rasse in ihrer bestimmenden Bedeutung nie an sich zu erfassen, weil immer andere bestimmende Faktoren mitspielen. Dabei möchte ich freilich in der Althusserschen Bestimmungskomplexität keineswegs die

---

60  S.o. Anm. 56.

Ökonomie als "Determinante in letzter Instanz" durch die Rasse erset-
zen.[61] Es geht mir nicht um irgendeine letzte Instanz, sondern um die
Multideterminierung des Denkens und Handelns, die    letztlich nicht
hinterfragbar ist. In diesem Sinn möchte ich Althussers Aussage über die
Ökonomie aufnehmen und auf die Rasse anwenden: "die Stunde der
Rasse schlägt nie".

In der Frage der Verbindung von afrikanischer Philosophie (in
Afrika, Amerika oder anderswo) und afro-amerikanischer Philosophie, in
der die Situation der schwarzen Amerikaner durchdacht wird, sind offenbar verschiedene Optionen möglich. Wer sich auf afrikanische Traditionen, Sprachen und Diskurse im Blick auf heutige Probleme konzentriert
(wie Wiredu oder Yai) findet in den Problemen der afrikanischen Amerikaner keine direkten Anknüpfungspunkte. Die Schwierigkeiten der
Übersetzbarkeit bzw. die Nichtübersetzbarkeit afrikanischer Begriffe ins
Englische oder Amerikanische verdeutlichen die Verschiedenartigkeit
und nur vermittelte Beziehbarkeit von afrikanischem und westlichem
Denken. Yai ist in dieser Hinsicht radikaler als Wiredu.

Auf der anderen Seite geht Irele davon aus, daß in der Literatur
Afrikanisches, Afro-amerikanisches und Karibisches einen in sich ver-
schiedenartigen, aber durchaus zusammenhängenden Gegenstand bilden.
Hill-Lubin sieht ebenfalls eine unmittelbare Beziehung des afrikanischen
Denkens, wie es sich vor allem in der Literatur ausdrückt, zu afrikanisch-amerikanischen Problemen und umgekehrt, obgleich sie diese
Beziehung inhaltlich (zur Zeit) nicht näher bestimmen möchte. Lebendigkeit und fortdauernde Produktivität als Kennzeichen einer afrikanischen Ästhetik, die von ihr herausgestellt werden, finden in der Tat eine
Bestätigung in den großen Ausstellungen afrikanischer Kunst in Washington, New York und anderswo. Dabei ergeben sich durchaus auch
direkte Bezüge wie die Anregungen, die von den Minkisi des Königreichs Kongo auf die Arbeiten der afrikanisch-amerikanischen

---

61 L. Althusser: *Widerspruch und Überdeterminierung.* In: Für Marx.
Frankfurt a.M. 1968, S. 52-99.

Künstlerinnen Stout und Saar ausgehen.

Mudimbe und Appiah arbeiten jeweils auf ihre Weise daran, konkrete Verbindungen von afrikanischer und afro-amerikanischer Philosophie aufzuzeigen, indem sie europäisch-westliche Diskurse über Afrika mit afrikanischen Erkenntnis- und Ausdrucksformen konfrontieren, auch mit besonderer Hinsicht auf ein afro-amerikanisches Publikum, oder indem sie Theorien, die durch Erfahrungen von Afrikanern in Amerika geprägt sind (Crummell, Du Bois u.a.) in ihrer Bedeutung für Afrika und von afrikanischen Denkweisen für Amerika und den Westen analysieren. Ob und wie sich auf solchen Wegen diese in sich vielfältigen Traditionen (afrikanische, afro-amerikanische und andere in der afrikanischen Diaspora lebendige) zu einer Africana-Philosophie zusammenfügen lassen, was Outlaw anvisiert, muß vorläufig offen bleiben.

Ireles Kritik an Mudimbes Arbeiten, sofern diese sich vorwiegend auf das begriffliche Instrumentarium des Foucaultschen Denkens stützen, erscheint zwar innerhalb seiner eigenen Bemühung konsequent, dem unausweichlichen Modernisierungsprozeß in Afrika auch theoretisch einen Vorrang einzuräumen. Aber diese Kritik wird doch den komplizierten Beziehungen nicht gerecht zwischen einer Verteidigung der Moderne (durch Habermas und die seinen) auf der einen Seite und dem Aufdecken vergessener, verdrängter und unterdrückter Aspekte der Geschichte (durch Foucault) auf der anderen Seite. Man wird sehen müssen, daß Habermas einen westlichen Rationalitätsbegriff universalisieren will und damit eurozentrisch denkt. Foucault begrenzt sich zwar in seinen Analysen bewußt auf europäisch-westliche Geschichte. Aber von seinen Denkvoraussetzungen aus läßt sich die afrikanische Geschichte ohne weiteres ebenfalls als eine weitgehend vergessene, verdrängte und unterdrückte Dimension begreifen. Da die genannten afrikanischen Philosophen und Kulturwissenschaftler innerhalb westlicher Institutionen arbeiten, da ohnehin auch die afrikanischen Probleme durch den westlichen Einfluß in Afrika (historisch und aktuell) mitbestimmt werden, läßt es sich nicht vermeiden, bestimmte Voraussetzungen westlicher Philosophie und Wissenschaft aufzunehmen. Die Frage ist, welche Voraussetzungen gewählt werden und auf welche Weise damit umgegangen wird. Vor dieser Frage stehen freilich nicht nur die afrikanischen Philosophen in Amerika, sondern in derselben Weise auch diejenigen in Afrika.

# Supplement 3

## Der Mann mit dem Fahrrad

Besprechung des Buches von Kwame Anthony Appiah: *In my father's house. Africa in the philosophy of culture.* London: Methuen, 1992.

Auf der Vorder- und Rückseite des Buchumschlages (bzw. auf der Vorderseite des Buchdeckels der Paperbackausgabe von 1993) von A.s *In my father's house* ist eine Holzplastik eines Yoruba-Mannes abgebildet, der etwas wunderliche westliche Kleider trägt und ein Fahrrad mit seiner rechten Hand festhält. Diese Holzplastik wird als 'neotraditionell' gekennzeichnet, das heißt sie ist in traditioneller vorkolonialer Technik gemacht, setzt aber vom Thema her die heutige postkoloniale Welt voraus und richtet sich auf diese. Offensichtlich ist sie für den Verkauf an westliche oder westlich beeinflußte Menschen bestimmt. Weil afrikanische Kunst bis vor kurzem unter dem Namen einer ethnischen Gruppe (Yoruba, Baulé, Ashanti usw.) benutzt und gesammelt wurde, nicht aber unter dem Namen eines Individuums oder einer 'Schule', wissen wir nicht, wer diese Plastik hergestellt hat. Die Umschreibung 'postkolonial' verweist auf eine Entstehungszeit nach 1960, dem Jahr, in dem Nigeria, das Land in dem (die meisten) Yoruba wohnen, unabhängig geworden ist. Ein Blick auf diese Plastik und ihre Interpretation in dem Buch von A. (S. 224 f.) führt uns mitten in die Problematik der heutigen afrikanischen Kultur.

Das Phänomen des Fortbestandes der afrikanischen künstlerischen Produktivität trotz des Elends der kolonialen und postkolonialen Geschichte faßt A. folgendermaßen zusammen: "Trotz der überwältigenden Realität des ökonomischen Niedergangs, trotz der unvorstellbaren Armut; trotz Kriegen, Unterernährung, Krankheit und politischer Instabilität wächst die afrikanische kulturelle Produktivität rasch: populäre Literaturen, mündliche Erzählungen und Gedichte, Tanz, Drama, Musik und visuelle Kunst, all dies blüht und gedeiht. Die zeitgenössische kulturelle Produktion vieler afrikanischer Gesellschaften ... ist ein Gegengift gegen die düstere Vision der postkolonialen Romanschreiber." (S. 254) Zwischen postkolonial und postmodern sieht A. dabei eine Affinität, die eine weitere Afinität voraussetzt: zwischen kolonial und modern. Diese doppelte Affinität kommt in der Philosophie darin zum Ausdruck, daß die Ausschließlichkeit des Fundierungsdenkens, der herrschenden Epistemologie (Erkenntnistheorie), des metaphysischen Realismus und der Ontologie: daß es nur eine Wahrheit gibt, das heißt letztlich des modernen Wahrheitsbegriffs, definitiv durchbrochen wird. In der politischen Theorie bedeutet dies, daß der Monismus des dogmatischen Sozialismus oder Liberalismus (von Marx oder Mill) verworfen wird. (S. 231)

Bevor A. die kleine Holzplastik von etwa 40 cm auf diese Weise interpretieren konnte, hat er selbst eine bemerkenswerte Entwicklung durchgemacht: vom metaphysischen Realismus, der die bestehende Wirklichkeit als Kriterium der Wahrheit annimmt, zu einem Wahrheitsbegriff, der auch so etwas kennt wie 'tolerable falsehoods'. Diese Entwicklung, die in einer Reihe wichtiger Bücher und Artikel dokumentiert ist, ist an sich bereits interessant genug.[62] Sie wird hier nur erwähnt, sofern sie den methodischen Ausgangspunkt seiner Kulturphilosophie bildet. Für A.s Wahrheitsbegriff ist schließlich ausschlaggebend, daß auf seiner Grundlage Kommunikation möglich ist und möglich bleibt. Er sagt von sich selbst, daß er damit irgendwo zwischen Davidson und Habermas einzuordenen ist.

Aus diesen Hinweisen ergibt sich breits, daß seine Biographie und sein Werk unauflößlich miteinander verflochten sind. Seine Kulturphilosophie bringt deutlich afrikanische, britische und nordamerikanische Erfahrungen und Erfahrungshintergründe zusammen. Er ist der Sohn eines afrikanischen Vaters und einer britischen Mutter; seine Kindheit hat er in Kumasi im heutigen Ghana verbracht. Er fühlt sich unzweideutig als Afrikaner, der jetzt bereits seit längerer Zeit in England oder den

---

62 K.A. Appiah: *Assertion and Conditionals.* Cambridge 1985; ders.: *For Truth in Semantics.* Oxford 186; ders.: *Necessary Questions. An Introduction to Philosophy.* New York 1989; ders.: *Tolerable Falsehoods. Agency and the Interests of Theory.* In: B. Johnson/J. Arac (eds), Baltimore 1990.

Vereinigten Staaten von Amerika lebt, der aber auch regelmäßig nach Ghana zurückkehrt. Damit ist ein deutlicher Standpunkt eingenommen. Für seine Art zu argumentieren und seinen Standpunkt darzustellen, ist indessen vor allem seine Ausbildung an der Universität von Cambridge wichtig, an der die analytische Richtung innerhalb der zeitgenössischen Philosophie im Vordergrund steht. Mit begrifflich genauen Unterscheidungen und kritischen semantischen Analysen zu arbeiten, kennzeichnet seinen philosophischen Stil. Auf Gebieten, auf denen Vorurteile und ideologisch bestimmte Standpunkte die rationale Diskussion häufig überwuchern, z.B. in der Diskussion über den Rassismus oder bei der Proklamation des Panafrikanismus, zeichnen sich seine Beiträage durch Klarheit und Nüchternheit aus.

Jean-Paul Sartre hat bereits bemerkt, daß im afrikanischen Denken, besonders in der Négritude-Bewegung bei Senghor, Césaire u.a., der Rassismus der europäischen Kolonisatoren, der gegen die schwarzen Menschen gerichtet war, durch einen antirassistischen Rassismus beantwortet wurde. Denn diese Bewegung plädierte für eine Überlegenheit der schwarzen über die weiße Rasse. Die Unterscheidungen A.s sind noch wesentlich subtiler, wenn er neben einem nach außen und einem nach innen gerichteten Rassismus einen weniger radikalen "Rassialismus" einführt. Bestimmte antirassistisch rassistische Auffassungen von A. Crummell, E.W. Blyden, Africanus Horton oder auch W.E.B. Du Bois werden von ihm in erster Linie als nach innen gerichtet und als "rassialistisch" charakterisiert. Sofern diese afrikanisch-amerikanischen Theoretiker einen nach außen gerichteten Rassismus vertreten, dient dieser doch auf keine Weise "as a base for inflicting harm" (S. 25).

Diese Theoretiker, die in der zweiten Hälfte des 19. und der ersten des 20. Jahrhunderts als schwarze Amerikaner über ihre Situation in diesem Land nachdenken, aber auch nach Afrika gehen, um an der Befreiung dieses Kontinents vom Kolonialismus mitzuwirken, nehmen in verschiedener Hinsicht eine merkwürdige Zwischenstellung ein. Sofern sie Christen sind, übernehmen sie die Vorurteile der Missionare, die das "Heidentum" und die "Barbarei" der afrikanischen Religionen ablehnen.

Auch in der Art und Weise, von westlicher "Zivilisation" und afrikanischer "Primitivität" zu reden, schließen sie sich bei westlichen Denkmu-
stern an. Selbstverständlich wenden sie sich energisch gegen Sklaverei
und Kolonialismus, aber zugleich erkennen sie westliche Argumente an,
die darauf hinauslaufen, daß Afrika durch die Kolonisierung auf den
Weg zur Zivilisation gebracht worden sei. Im Rahmen einer solchen
Konstellation sprechen sie von einer Botschaft der schwarzen Rasse an
die Welt. Solidarität und Brüderlichkeit stehen in dieser Botschaft stark
im Vordergrund. In dieser Hinsicht können alle Amerikaner von ihrer
schwarzen Bevölkerung und kann die ganze Welt von Afrika lernen. Die
schwarzen Amerikaner bilden dabei die Vorhut und Afrika kann nur auf
angemessene Weise folgen, indem es die Einheit dieses Kontinents begreift und unterstreicht. Der Panafrikanismus wird letztendlich durch die
Auffassung begründet, daß Afrika "the natural and racial home" aller
schwarzen Menschen ist (S. 30).

Ohne den Beitrag dieser Theoretiker zur Befreiung von Sklaverei
und Kolonialismus zu verkennen, zeigt Appiah im einzelnen, wie bei
ihnen jeweils rassistische und "rassialistische" Denkweisen im Spiel sind.
Demgegenüber läßt er selbst nur besondere Kennzeichen der schwarzen
Amerikaner oder der Afrikaner gelten, sofern sie historisch, soziologisch
und kulturell aufgezeigt werden können. Er verteidigt konsequent den
Ansatz, daß eine biologische oder anthropologische Definition von Rassen nicht möglich ist und daß man nur von sozio-historischen Unterschieden sprechen kann. (S. 44) Das bedeutet jedoch nicht, daß er eine
spezifische Rolle Afrikas in der Geschichte leugnen würde. Diese beruht
indessen nicht auf den "Banden des Bluts" und auch nicht auf der Einheit Afrikas als der natürlichen Heimat aller schwarzen Menschen, sondern auf den reichen und vielfältigen kulturellen Traditionen dieses
Kontinents.

Die Beispiele hierfür sind Legion. Einige werden im 5. Kapitel
näher untersucht: Chinua Achebe, Wole Soyinka, Ngugi wa Thiong'o
und viele andere Schriftsteller haben daran gearbeitet, die afrikanische
Literatur zu entkolonisieren. Das Ziel dieser Untersuchungen ist, "Echos"

der Sprache der Kolonisatoren in den afrikanischen Diskussionen über
die Kultur der "Eingeborenen" aufzuweisen und vermeiden zu helfen. (S.
39) Auch die erwähnten Schriftsteller bleiben gelegentlich noch in einer
Antihaltung stecken, die für die Befreiung und Entwicklung Afrikas
nicht nützlich ist. Dies gilt auch für Soyinkas Auffassung einer gemeinsamen Metaphysik für ganz Afrika, in der ohne weiteres an den alten
Göttern festgehalten wird.(S. 285)

Im Blick auf die Ethnophilosophie ist A. recht zurückhaltend. Er
legt 'strenge' Maßstäbe (im westlichen Sinn?) an, wenn es darum geht zu
beurteilen, was als Philosophie gelten kann. Und er bedauert, daß die
meisten afrikanischen Völker keine Schrift gekannt haben. Deshalb
meint er auch vor allem Volksweisheit ("folk-philosophy") zu finden,
wenn er darauf eingeht, was "die Ältesten vieler afrikanische Gesellschaften ... über gut und böse, Leben und Tod, die Person und die
Unsterblichkeit diskutiert haben" (S. 146). Er erkennt zwar "mystische
Traditionen", die der katholischen oder der buddhistischen Mystik verwandt sind (S. 155), aber er betrachtet Ogotemmêli (aus dem Gebiet der
Dogon im heutigen Mali) oder Paul Mbuya (ein Luo-"sage" aus dem
heutigen Kenia) nicht als Beispiele großer afrikanischer Denker, und
sogar im Blick auf die alte ägyptische Weisheitslehre ist er äußerst
skeptisch: "Es scheint mir, daß [Cheikh Anta] Diop [der Historiker, Politiker und Philosoph aus dem Senegal] ... wenig überzeugende Argumente
bieten kann, daß die ägyptische Philosophie mehr ist als eine systema-
tierte, aber ziemlich unkritische Volksweisheit." (S. 162)

Diese Position A.s finde ich recht schwach, allein schon wegen
des esoterischen Charakters der ägyptischen Mysterien und ihres
maßgeblichen Einflusses auf Pythagoras, Parmenides, Platon, Aristoteles
und andere griechische Denker. Bestimmte Motive, wie z.B. der Begriff
der "Lebenskraft", dessen grundlegende Bedeutung für das afrikanische
Denken durch Tempels nachgewiesen ist,[63] sind bei sehr verschiedenen

---

63 P. Tempels: *Bantu Philosophie. Ontologie und Ethik.* Heidelberg
1956.

und weit auseinander lebenden ethnischen Gruppen verbreitet und setzen einen weitgehenden Austausch unter den mündlichen Überlieferungen Afrikas voraus. Auch wenn A. keine hohe Meinung über die traditionellen Weisen und über die mündliche Überlieferung hat, findet er es doch der Mühe wert, bei den "vorkolonialen begrifflichen Welten unserer [afrikanischen] Kulturen" anzuknüpfen, wenn es darum geht, heutige "afrikanische philosophische Probleme" zu bearbeiten.(S. 165)

Auf dem Gebiet der Religion sind nach A. spezifische Mischformen entstanden aus traditionellen Kulten und christlichem oder islamischem Glauben. Auch bei denen, die sich einer der zuletzt genannten Glaubansweisen angeschlossen haben, bleibt allermeist die Annahme der Existenz von Geistern der Vorfahren oder auch von Tieren oder Pflanzen eine Selbstverständlichkeit. Das kommt besonders bei Festen wie Hochzeiten oder Begräbnissen deutlich zum Ausdruck: wenige Stunden nach dem christlichen Fest kann z.B. ein Ritual für die Vorfahren gefeiert werden.(S. 310-313) A. macht deutlich, daß eine vergleichbare gemichte Situation auch in der Erkenntistheorie und in der Politik anzutreffen ist. Die Behandlung dieser Fragen führt unmittelbar zur Diskussion der Affinität zwischen Postmoderne und Postkolonialismus, mit der diese Besprechung beginnt.

Das Festhalten an dem Glauben an die Anwesenheit der Geister der Vorfahren im eigenen gegenwärtigen Leben bezeichnet im Denken der meisten Afrikaner eine "Ontologie des Unsichtbaren". Eine wissenschaftliche Ausbildung und die Teilnahme an einem modernen Lebensstil haben offensichtlich nicht zur Folge, daß diese Ontologie aufgegeben wird. Es kommt zu "gegensätzlichen, individuellen Erkenntnisstilen", zu "verschiedenen 'standards' für verschiedene Zwecke".(S. 219 f.) Auch wenn diese Doppelheit nicht in konsistenter Weise begründet werden kann, kann auf Beispiele aus der Kulturgeschichte verwiesen werden, daß solche Situationen besonders fruchtbar gewesen sind. Angesichts der Erfahrung, daß Wissenschaft heute oft genug zur Problembewältigung nicht ausreicht, kann aus dieser Situation Hoffnung geschöpft werden. Deshalb liegt es vor der Hand, daß eine weitere und differenzierte Ausarbeitung dieser spezifischen Epistemologie und Ontologie zu wünschen ist. Denn das afrikanische Denken ist alles andere als einheitlich.

In der Politik ist durch die Zerstörung der traditionellen Gemeinschaftsformen in der Geschichte des Kolonialismus und Postkolonialismus und durch die Einführung westlicher politischer Strukturen von außen her eine Situation vielfacher Instabilität entstanden, in der zivile Regierungen und Militärdiktaturen einander abwechseln und Korruption in größtem Maßstab an der Tagesordnung ist. Nichtsdestoweniger sieht A. neue politische Strukturen entstehen. Die traditionellen Verhältnisse sind nicht ganz verschwunden und bekommen häufig im politischen und gesellschaftlichen Leben eine neue Funktion. In Ghana hat z.b. der König der Ashanti noch immer großen moralischen und politischen Einfluß, obwohl staatsrechtlich die politische Macht ganz bei der Regierung in Accra konzentriert ist. Diese Art traditioneller Verhältnisse kann an die Stelle derjenigen Funktionen treten, die in westlichen Staaten die bürgerliche Gesellschaft mit ihren Institititutionen ausübt. "Demokratie ist in diesem Kontext nicht einfach eine Sache von Parlamenten und Wahlen ... sondern umfaßt die Entwicklung von Mechanismen, durch welche die Herrschenden von den Beherrschten in ihrer Macht begrenzt werden können" (S. 277)

Ein Beispiel für das Entstehen neuer afrikanischer Identitäten auf der Grundlage bestimmter historischer und soziologischer Gegebenheiten, die nicht nur an die Stelle rassistischer und "rassialistischer" Argumente treten können, sondern auch in sich stichhaltiger sind, bilden die Erfahrungen A.s im Zusammenhang mit dem Begräbnis seines Vaters. Weil diese Erfahrungen beispielhaft sind für die politischen Kräfteverhältnisse in heutigen afrikanischen Staaten, trägt dieses Buch, A.s bisheriges Hauptwerk, den Titel "In my father's house". Daß Joe Appiah, der Vater von Kwame Anthony, schließlich gegen den Willen und Einfluß seiner Schwester (der ersten Frau des Königs der Ashanti) gemäß seinen ausdrücklich festgelegten Wünschen begraben werden konnte, wirft ein besonderes Licht auf die Machtverteilung in einem Land wie Ghana. Die Verteidigung der traditionellen Riten durch die

Schwester wurde vom König der Ashanti kräftig unterstützt. Daß schließlich trotzdem ein davon abweichendes Ritual ausgeführt wurde, großenteils durch den Einsatz Kwames, des ältesten und einzigen Sohnes von Joe Appiah, zeigt eine Verschiebung in den Machtverhältnissen und im Machtgleichgewicht im heutigen Ghana an, die durch die unerwartete Anwesenheit von Rawlings selbst, dem Leiter der Zentralregierung in Accra, unterstrichen wurde.

Wenn wir uns gut vor Augen halten, wie in diesem Buch persönliche und wissenschaftlich-philosophische Gesichtspunkte des Autors miteinander verbunden sind, möchte ich sagen, sit venia verbo: in einer symbolischen Deutung der kleinen Holzplastik auf der Vorder- und Rückseite des Buchumschlags ist Kwame Anthony Appiah selbst "der Mann mit dem Fahrrad".

# Verallgemeinerungsschritt 1

## Hegel und Afrika

*Das Glas zerspringt*

### 1. Hegel über Afrika

Mit der Formulierung des Titels "Hegel und Afrika" soll nicht eine vage Gegenüberstellung oder ein trockenes Vergleichen angezeigt werden. Ihr genauer Sinn und ihre Berechtigung - das gilt auch im Blick auf den Untertitel - werden sich im Verlauf des Textes ergeben. Zunächst möchte ich sagen, daß ich mich nicht auf einen Diskurs "Hegel über Afrika" beschränken möchte. Dieser Diskurs ist mehrfach geführt - mit geringerer und größerer Berechtigung. Häufig werden Äußerungen Hegels über Afrika in letzter Zeit auch mit solchen von Immanuel Kant gemeinsam zitiert als Musterbeispiel einer "kolonialistischen Ideologie". Hegel wird zu einer Art Prügelknabe anti-kolonialistischer Theoretiker, deren Äußerungen oft ebensosehr ideologische Züge tragen. Dem steht gegenüber, daß Kant und vor allem Hegel an den Philosophie-Abteilungen afrikanischer Universitäten oder Hochschulen in ehemaligen französischen Kolonien, z.B. in Dakar und Bamako, einen deutlichen Schwerpunkt des akademischen Unterrichts bilden.

Auf eine ernsthaftere und gründlichere Weise haben L. Keita in *Two philosophies of African history: Hegel and Diop* (Présence Africaine. Bd 91. Paris 1974) und Ch. Neugebauer in seinem Buch *Einführung in die afrikanische Philosophie* (München/Kinshasa/Libreville 1989) zu Hegels Äußerungen Stellung genommen. Die Gegenüberstellung von Hegel und Diop in der Darstellung Keitas zeigt, daß man der Frage eine entscheidende Bedeutung zumessen muß, welche Rolle Ägypten spielt, ob man dieses Land - wie G.W.F. Hegel - aus dem Zusammenhang mit Afrika, insbesondere mit Schwarzafrika, herauslöst und ihm eine Sonderstellung gibt am Kreuzungspunkt orientalischer und europäischer

Geschichte[64] oder ob man es - wie Ch. A. Diop - ganz und gar für Afrika und wiederum insbesondere Schwarzafrika in Anspruch nimmt[65]. Wer das erstere tut, wertet damit das übrige Afrika ab, wobei die nordafrikanischen Gebiete, auch aufgrund der Islamisierung, weniger radikal abgewertet werden als das schwarze Afrika (südlich der Sahara). Die letztere Position, die außer von Ch.A. Diop vor allem von Th. Obenga (Dakar), H. Olela (Nairobi) und L. Keita (Freetown) eingenommen wird, führt dazu, daß die afrikanische Kultur und Philosophie in der Selbstvergewisserung ihres Eigenwerts erheblich gestärkt werden. Daß Ägypten als (schwarz)afrikanisches Land (vor der Hellenisierung und Arabisierung) eine Hauptquelle der griechischen Wissenschaft und Philosophie gewesen ist, wird auch von von M. Bernal (Ithaka, N.Y.) bestätigt, der als quasi neutrale Stimme in dem Streit um Ägypten gelten kann.[66] Um sich in diesem Streit einigermaßen verbindlich äußern zu können, müßte man selbst Ägyptologe sein.

Neugebauers Kritik an "Hegels Thesen zu Afrika", die etwas genauer betrachtet werden soll, geht nicht im einzelnen auf die Texte ein, sondern faßt Hegels Auffassungen über Afrika in sieben Punkten zusammen: 1. Statik, 2. Primitivität, 3. Geschichtslosigkeit, 4. Sittenlosigkeit, 5. Wildheit, 6. keine Philosophie und 7. ein homogener Kontinent.[67] Diese Ausführungen sollen hier durch einige Zitate unterbaut und

---

64 G.W.F. Hegel: *Vorlesungen über die Philosophie der Weltgeschichte.* Band I: *Die Vernunft in der Geschichte.* Hrsg. von. J. Hoffmeister. Hamburg 1955. 5. Aufl. S. 214. Band II: *Die orientalische Welt.* Hrsg. von G. Lasson. Hamburg 1976. (Nachdruck der 2. Aufl. von 1923.) S. 460-514.

65 Ch.A. Diop: *Ägypten - die erste schwarzafrikanische Hochkultur.* In: *Afrika - Mutter und Modell der europäischen Zivilisation? Die Rehabilitierung des schwarzen Kontinents durch Cheikh Anta Diop.* Hrsg. von L. Harding/B. Reiwald. Berlin 1990. S. 37-111.

66 M. Bernal: *Black Athena.* Bd 1: *The fabrication of ancient Greece. 1785-1985.* New Brunswick (NJ) 1987.

67 Ch. Neugebauer: *Einführung in die afrikanische Philosophie.* München/Kinshasa/Libreville 1989. S. 86-91.

näher erläutert werden.[68] "Das eigentliche Afrika (südlich der Sahara) ist
der diesen Kontinent als solchen charakterisierende Teil ... Er hat kein
eigenes geschichtliches Interesse, sondern dies, daß wir den Menschen
dort in der Barbarei, in der Wildheit sehen, wo er noch kein integrieren-
des Ingredienz zur Bildung abgibt." Er "ist das in sich gedrungen bleibende Goldland, das Kinderland, das jenseits des Tages der
selbstbewußten Geschichte in die schwarze Farbe der Nacht gehüllt ist."
(214) "In diesem Hauptteile von Afrika kann eigentlich keine Geschichte
stattfinden. Es sind Zufälligkeiten, Überraschungen, die aufeinander
folgen. Es ist kein Zweck, kein Staat da, den man verfolgen könnte,
keine Subjektivität, sondern nur eine Reihe von Subjekten, die sich
zerstören." (216 f.) "Was wir Religion, Staat, an und für sich Seiendes,
schlechthin Geltendes nennen, alles dies ist hier noch nicht vorhanden ...
und nur der Mohammedanismus scheint das einzige zu sein, was die
Neger noch einigermaßen der Bildung annähert." (217) "Die Wertlosigkeit des Menschen geht ins Unglaubliche; es besteht eine Ordnung, die
man als Tyrannei ansehen kann, die aber selbst nicht als Unrecht gilt,
empfunden wird. Dazu gehört, daß es als etwas ganz Verbreitetes und
Erlaubtes betrachtet wird, Menschenfleisch zu essen." (224) "Aus solcher
Wertlosigkeit des Menschen erklärt sich, daß in Afrika die Sklaverei das
Grundverhältnis des Rechts bildet ... In dieser sehen die Neger nichts
ihnen Unangemessenes ... denn es ist die Grundlage der Sklaverei überhaupt, daß der Mensch das Bewußtsein seiner Freiheit noch nicht hat
und somit zu einer Sache, zu einem Wertlosen herabsinkt." (225 f.) "Die
Polygamie der Neger hat häufig den Zweck, viele Kinder zu erzielen,
die samt und sonders zu Sklaven verkauft werden könnten." (227)

   Neugebauer gliedert seine Kritik an Hegels Afrika-Darstellung in
zwei Punkte: 1. empirisch, 2. logisch. Unter dem ersten Punkt streicht er
die von Hegel selbst konstatierte "Unkenntnis" (213 f.) heraus, wodurch
die Darstellung auf der empirischen Ebene schwach bzw. ganz ungültig

---

68 Im folgenden wird nach den Zitaten aus Hegel: *Vorlesungen über
die Philosophie der Weltgeschichte.* Band I (nähere Angaben Anm. 64) oben
im Text in Klammern die Seitenzahl genannt.

ist. Hegel meint indessen nicht seine persönliche Unkenntnis, sondern
den Kenntnisstand seiner Zeit über das Innere Afrikas. Er führt dazu
aus: Die Küstengebiete sind seit langem (Ende des 15. Jahrhunderts)
auch von Europäern (zunächst von Portugiesen) besiedelt worden; "aber
ins Innere sind sie erst seit etwa fünfzehn Jahren vorgedrungen". (215;
aus dem Kolleg von 1824/25) Daß die persönlichen Kenntnisse Hegels,
im Vergleich zu seiner Informiertheit auf vielen anderen Gebieten,
schwach unterbaut und fehlerhaft sind, ist freilich auch wahr. Hegel
stützt sich neben Herodots *Historiarum libri IX* (Paris 1592) auf Karl
Ritters *Die Erdkunde im Verhältnis zur Natur und zur Geschichte des
Menschen* (2 Bände. Berlin 1817/18) sowie auf einige wenige Reisebe-
richte und Berichte von Missionaren. Kants Hauptquelle, eine Kompila-
tion von Reiseberichten in fünf Bänden, von denen zwei ausschließlich
Afrika behandeln, scheint er nicht gekannt zu haben.[69]

Die logische Kritik Neugebauers besteht in dem Nachweis, daß
Hegel sich in bezug auf Afrika selbst widerspricht.[70] Einerseits rechnet
Hegel Ägypten nicht zu(m eigentlichen) Afrika: "es ist nicht dem afri-
kanischen Geiste zugehörig" (234). Andererseits findet er darin nicht nur

---

69 Den unzureichenden Kenntnisstand Hegels und auch Kants, um
über das Gebiet der afrikanischen Geschichte weitreichende Aussagen und
radikal negative Burteilungen zu formulieren, sucht F.M. Wimmer durch den
Hinweis auf eine zeitgenössische Bibliographie zu dokumentieren. In J.S.
Ersch: *Literatur der Geschichte und deren Hülfswissenschaften seit der Mitte
des 18. Jahrhunderts bis auf die neueste Zeit.* Leipzig 1827 seien bis 1790 26
einschlägige Werke angegeben, die Kant hätte lesen können, und bis 1827
("Hegels Lesezeit bis zum Erscheinen der zitierten Bibliographie") noch 55
weitere Werke. S. Wimmer: *Rassismus und Kulturphilosophie.* In:
Willfährige Wissenschaft. Die Universität Wien 1938-1945. Hrsg. von G.
Heiß u.a. Wien 1989. S. 111 Anm. 45.

70 Dieser Teil der Neugebauerschen Kritik an Hegels "Thesen zu
Afrika" bzw. seinem "Rassismus" ist in ihrer englischen Fassung in H. Odera
Oruka (ed.): *Sage Philosophy. Indigenous Thinkers and Modern Debate on
African Philosophy.* Leiden/New York/Kobenhavn/Köln 1990. S. 261-263
durch ein Mißgeschick bei der Drucklegung leider weggefallen.

"orientalische Gediegenheit", sondern auch das "afrikanische Element".[71]
Dieser Selbstwiderspruch ist aber nicht so unauflöslich, wie Neugebauer
meint. Auch was nicht dem "afrikanischen Geist" zugehört, kann (an un-
tergeordneter Stelle) das "afrikanische Element" enthalten. Schwieriger
wird dies bei der Rechtfertigung der Sklaverei in Afrika, die nach Hegel
prinzipiell des Menschen unwürdig ist. Deshalb bleibt ihm nur der Weg,
die Afrikaner überhaupt nicht als Menschen zu betrachten, sondern als
"Sache". Der denkwürdige Satz, in dem dies ausgesprochen ist, wurde
oben bereits zitiert. Ein weiterer, sehr schwerwiegender Selbstwiderspruch Hegels findet sich zwischen den ebenfalls bereits zitierten Aussagen, daß in Afrika "kein Staat" anzutreffen sei, und den Behauptungen,
daß es "in allen Negerstaaten, deren viele nebeneinander bestehen, un-
gefähr gleich zugeht" oder daß James Bruce auf seinen Reisen "in Ost-
afrika ... durch einen Staat gekommen" ist, "wo der erste Minister der
Scharfrichter ist, der aber keinem den Kopf abschlagen kann als dem
Könige" (230; J. Bruce: *Reisen zur Entdeckung der Quellen des Nils*. 5
Bände. Übers. J.J. Volkmann. Ed. J.F. Blumenbach. Bd 4. Leipzig
1791). Da Hegel in seinen Schriften die streng abgeleiteten Begriffe, wie
den des Staates, nicht immer in dem strengen, sondern oft auch weiterhin in einem landläufigen Sinn verwendet, kann er in den Zitaten "Staat"
einmal (im strengen Sinn) als "eigentlichen" Staat und ein anderes Mal
(im landläufigen Sinn) als eine dem Staat ähnliche politische Lebens-
form gemeint haben.

Es entspricht dem allgemeinen Stand der Kant- und Hegelfor-
schung, daß die Studien zu Kants Äußerungen über Afrika noch um eine

---

71 Das betreffende Zitat findet sich in Hegel: *Sämtliche Werke*. Ju-
biläumsausgabe in 20 Bänden. Hrsg. von H. Glockner. Band 11: *Vorlesungen
über die Philosophie der Geschichte*. Stuttgart 1928. S. 275. Es handelt sich
bei dieser Ausgabe um den fotomechanischen Nachdruck von Hegel: *Werke*.
Hrsg. von einem Verein von Freunden des Verewigten. Band IX. Hrsg. von
K. Hegel. Berlin 1840. 2. Aufl. (Die 1. Aufl. von 1837 war von E. Gans
besorgt worden; Hegels Sohn Karl hat den Text für die 2. Aufl. neu gestaltet,
der dann auch der 3. Aufl von 1848 zugrundeliegt.) Diese Stelle ist in die
Ausgabe von Lasson (s. Anm. 64) nicht aufgenommen.

Stufe genauer und gründlicher sind. Die Peinlichkeit der Kantischen Aussagen zur Sache übertrifft dabei womöglich noch die der Hegelschen. Das ist bei E. Henscheid (*Der Negerl.* München 1982), A. Sutter (*Kant und die Wilden.* In: Prima Philosophia 2, 1989) sowie ferner bei M. Firla-Forkl (*Philosophie und Ethnographie. Kants Verhältnis zu Kultur und Geschichte Afrikas.* Vortrag auf dem XXV. Deutschen Orientalistentages zu München 1991) und bei A. Figl (*Immanuel Kant und die wissenschaftliche Weihe des Rassismus.* In: Zeitschrift für Afrikastudien (1992) Nr. 13/14) nachzulesen. Besonders die beiden letztgenannten Beiträge zeigen, daß es sich nicht um Entgleisungen in peripheren Werken Kants handelt, sondern um substantielle Widersprüche in seiner Philosophie, sofern der große kritische Denker, wenn es um Afrika geht, ganz und gar unkritisch verfährt, bis hin zu den Zitaten, und sofern einer der Begründer der Menschenrechte den Afrikanern das Menschsein abspricht.

Mit ihren blamablen Äußerungen über Afrika stehen Hegel und Kant indessen nicht allein. Der Gegensatz von Barbarei und Zivilisation und der Gedanke des Fortschritts von der Wildheit zur gesitteten Lebensart sind in der Aufklärungsphilosophie allgemein anzutreffen. Sie setzt eine Wertskala voraus, die bei Rousseau genau umgekehrt vorkommt und dadurch nicht wirklich außer Kraft gesetzt wird. Auch Herders geschichtsphilosophischer Ansatz bewahrt ihn nicht vor derartigen Fehlurteilen. Anstelle vieler möglicher Zitate aus den Texten der deutschen und französischen Aufklärungsphilosophen, sei eine lapidare Formulierung aus der berühmten von Diderot und d'Alembert begründeten *Encyclopédie ou dictionnaire raisonné des sciences, des arts et des métiers* (1751-72) wiedergegeben. Unter dem Stichwort "Espèce humaine" heißt es: "Les Nègres sont grands, gros, bien faits, mais niais et sans génie".

## 2. Hegel und Afrika

Seinem eigenen Anspruch nach sind alle Voraussetzungen dessen,

was Hegel philosophisch sagt, in seinem System der Philosophie aufzusuchen. Die Äußerungen Hegels über Afrika, die wir bisher erörtert
haben, entstammen seinen *Vorlesungen über die Philosophie der Weltgeschichte.* Die "Weltgeschichte" hat ihren systematischen Ort in der
"Philosophie des objektiven Geistes", die Hegel in gesonderter Darstellung auch unter dem Titel *Grundlinien der Philosophie des Rechts*
(1821) veröffentlicht hat. Seit dem Wintersemester 1822/23 hat Hegel
diesen Gegenstand in besonderen Vorlesungen viermal (außer in dem
genannten Semester noch 1824/25, 1826/27 und 1830/31) ausführlicher
behandelt, als es im Rahmen der Darstellung des gesamten System in
der *Enzyklopädie der philosophischen Wissenschaften im Grundrisse* und
der *Grundlinien der Philosophie des Rechts* möglich war.

Einige Editionsprobleme des überlieferten Materials zu diesen
Vorlesungen sind oben (Anm. 71) bereits angesprochen worden. Ob sich
bei Hegel in den verschiedenen Jahrgängen, in denen er diese Vorlesung
gehalten hat, konzeptionelle Änderungen ergeben haben und ob diese
auch seine Äußerungen über Afrika betreffen, kann aufgrund der bis
heute vorliegenden Ausgaben des überlieferten Materials nicht beurteilt
werden. Dazu bedürfte es eines Studiums des gesamten Materials oder
einer kritischen Edition, in der die verschiedenen Jahrgänge gesondert
berücksichtigt werden.[72] Daß Hegels Afrika-Bild von solchen
Veränderungen betroffen ist, halte ich jedoch für unwahrscheinlich: es
scheinen feste Topoi, nahezu stereotype Vorstellungen zu sein, auf die
sich Hegel in diesem Zusammenhang beruft. Mögliche Veränderungen
im hier zu behandelnden Kontext sind auch nicht im Blickfeld der Kenner des Materials und derer, die an einer kritischen Edition arbeiten.[73]

Eine bedeutsame Veränderung, die nicht in der Entwicklungsge-
schichte des Hegelschen Denkens, sondern im Lauf der Editionsge-

---

72 F. Hespe: *Hegels Vorlesungen zur 'Philosophie der Weltgeschichte'.*
In: Hegel-Studien 26 (1992), S. 85-87.

73 H.N. Seelmann: *Hegels Philosophie der Weltgeschichte von
1822/23.* In: Hegel-Studien 26 (1992), S. 87-89.

schichte entstanden ist und die mit der systematischen Gewichtung des Afrika-Kapitels zusammenhängt, wird weiter unten (in Kapitel 4) erörtert. Zunächst ist noch ein anderer systematischer Kontext zu erwähnen, in dem Hegel zwar nicht speziell über Afrika, wohl aber über Kolonisierung und Kolonien gesprochen hat. Außerdem wird später (in Abschnitt 2c) auch noch Hegels Behandlung der Religion in Afrika in den *Vorlesungen über die Philosophie der Religion* heranzuziehen sein, die ausführlicher ist als die Erwähnung dieses Gegenstands in dem Material der *Vorlesungen über die Philosophie der Weltgeschichte.*

### a) Das Meer und die Kolonien

Während die Prinzipien der Weltgeschichte innerhalb des "objektiven Geistes" in dem großen Abschnitt "Der Staat" abgeleitet werden, behandelt Hegel die Bedingungen für die Kolonisierung weiter Teile der Welt durch Europa in dem vorangehenden Hauptabschnitt "Die bürgerliche Gesellschaft". Die hauptsächlichen Prinzipien der bürgerlichen Gesellschaft (das berechtigte partikulare Interesse der einzelnen Bürger in ihrem wirtschaftlichen Handeln, das zu einer Interdependenz aller Beteiligten und zur größtmöglichen Produktivität der Gesamtheit führt), sofern sie "ungehindert" wirken, das heißt ohne Einordnung in die höheren Prinzipien des Staates, bedingen kaum lösbare Probleme wie das Phänomen der Armut inmitten des gesellschaftlichen Reichtums und die "Erzeugung des Pöbels" durch "das Herabsinken einer großen Masse unter das Maß einer gewissen Subsistenzweise" (§ 243-245).[74]

Dieser innere Widerspruch treibt die jeweilige bürgerliche Gesellschaft über sich hinaus, so daß sie Handelspartner und Konsumenten "außer ihr in anderen Völkern" sucht. Die "Industrie", das heißt die hochgradig arbeitsteilige Produktionsweise, ist nicht mehr wie der Fami-

---

74 Die von Hegel selbst veröffentlichten *Grundlinien der Philosophie des Rechts* zitiere ich nach Paragraphen (§), die in den verschiedenen Ausgaben aufgesucht werden können. Sofern Material aus Vorlesungen herangezogen wird, muß freilich die jeweilige Edition angegeben werden.

lienbetrieb an "Grund und Boden" gebunden, sondern sie findet ein "nach außen sie belebendes Element, das Meer". Die Ungebundenheit führt zu einer abenteuerlichen Lebensweise mit der "Gefahr des Untergangs", die zu bestehen Tapferkeit erfordert. Zugleich ist das Meer aber auch "Bildungmittel". Wie die großen Flüsse trennt es die Menschen an seinen verschiedenen Ufern weniger voneinander, als es sie verbindet, indem sie als Wirtschaftspartner aufeinander bezogen sind. Deshalb gilt, daß "alle großen, in sich strebenden Nationen sich zum Meere drängen" (§ 247).

Die Kolonien sind dann in derselben Weise ein "erweiterter Zusammenhang". Sie bieten der zu stark wachsenden Bevölkerung der "ausgebildeten bürgerlichen Gesellschaft" neue Siedlungsräume, wo die Menschen, indem sie das Land bebauen und Familienbetriebe gründen, gewissermaßen von vorn beginnen können (§ 248). In der Vorlesung von 1817/18 fügt Hegel hinzu, daß die Kolonisten entweder "Bürger des Mutterlands bleiben" und diesem so "vielen Nutzen" bringen oder "nach und nach" unabhängig werden und "eigene Staaten" bilden.[75] In keinem Fall bildet das Schicksal der dort bereits ansässigen Bevölkerung oder deren Recht auf das Land auch nur einen Punkt der Diskussion. Die Kolonien sind - wie das Meer - Erweiterungsraum der bürgerlichen Gesellschaft, deren Dynamik sie über ihre Grenzen hinausdrängt.

### b) Geschichte und Staat

Der Prozeß der Kolonisierung, der sich aus den Bedingungen der bürgerlichen Gesellschaft ergibt, hat aber nach Hegel nicht die Bedeutung von Geschichte. Geschichte ist nach seiner Darstellung nur die Geschichte von Staaten. Deshalb sind für ihn auch vorstaatliche Gesellschaften oder Gesellschaften ohne Staat nicht geschichtsfähig. "Ein Volk ist zunächst noch kein Staat, und der Übergang einer Familie,

---

75 Hegel: *Vorlesungen über Naturrecht und Staatswissenschaft.* Hrsg. von C. Becker u.a. Hamburg 1983. S. 168.

Horde, Stammes, Menge u.s.f. in den Zustand eines Staates macht die formelle Realisierung der Idee überhaupt in ihm aus." (§ 349) Die Realisierung der Idee (in der Gestalt des Weltgeistes) in einem Volk ist aber, was bei Hegel Geschichte heißt. Diese kann als der "Fortgang des sich entwickelnden Selbstbewußtseins des Weltgeistes" definiert werden. Der Weltgeist bedient sich dabei in bestimmten Epochen bestimmter Völker als der wechselnden natürlichen Bedingungen seines Fortgangs. "Dieses Volk ist in der Weltgeschichte, für diese Epoche ... das herrschende. Gegen dies sein absolutes Recht, Träger der gegenwärtigen Entwickelungsstufe des Weltgeistes zu sein, sind die Geister der anderen Völker rechtlos, und sie, wie die, deren Epoche vorbei ist, zählen nicht mehr in der Weltgeschichte." (§ 347)

Diese Gedanken werden in der Vorlesung von 1819/20 - wie es scheint - weiter präzisiert. Einerseits heißt es ganz klar: "Die wahre Bedingung für die Weltgeschichte ist, daß Staaten sind." Andererseits wird aber zwischen Weltgeschichte im strengen Sinn und ihrer Vor- bzw. Nachgeschichte unterschieden. "Ein welthistorisches Volk hat seine Geschichte, bevor es in die Weltgeschichte eintritt, und ebenso hat es auch nachher noch seine Geschichte." Diese "zeigt das Herunterkommen und Verderben desselben".[76] Völker, die nicht in den Rang aufsteigen, "Träger des Weltgeistes" zu sein, nehmen freilich am Geschichtsprozeß auf keine Weise teil.[77] Dies gilt für die Völker der "Neuen Welt": Amerika und Australien sowie für Afrika, wobei der nördliche Teil Amerikas nach Hegel durch die europäischen Kolonisatoren zum "Land der Zukunft" werden wird. (198-218)

Es gibt weltgeschichtliche Völker, die im Stadium der Vorgeschichte gewissermaßen stecken bleiben und auch im Erfüllen ihrer

---

76 Hegel: *Philosophie des Rechts.* Hrsg. von D. Henrich. Frankfurt a.M. 1983. S. 282 f. Ich sage, daß dies in der genannten Vorlesung "- wie es scheint -" geschieht, weil der Quellenwert des von Henrich herausgegebenen Textes nicht endgültig geklärt ist.

77 Hier folge ich wieder den *Vorlesungen zur Philosophie der Weltgeschichte.* Band 1 (s.o. Anm. 64).

weltgeschichtlichen Aufgabe nicht zur eigentlichen Geschichte vordrin-
gen. Dies ist der Fall in Indien, wo die Organisation der Gesellschaft in
Stände, die auch für die Gliederung des Staates die Grundlage bildet, "zu
Naturbestimmungen (in den Kasten) versteinert" ist. Ferner gilt über-
haupt in Zeiten der Ausdehnung von "Familien zu Stämmen, der
Stämme zu Völkern", ihrer "Abtrennung voneinander, Verwicklung,
Wanderung", daß sie trotz reich gegliederter Sprache, weil diese der in
sich einfachen Vernünftigkeit entbehrt, vorläufig oder für immer "in das
Trübe einer stummen Vergangenheit eingehüllt" bleiben. (165 f.)

Solche Gebiete, die für immer außerhalb der Weltgeschichte stehen bleiben, also auch in deren Vor- oder Nachgeschichte keine Rolle
spielen, sind nach Hegel "das Inselmeer zwischen Südamerika und
Asien", "Neuholland", das "weite östliche Asien" und Afrika.(199, 211,
234) Was das letztere betrifft, ist es ein durch die koloniale Perspektive
bedingter und durch das koloniale Handeln verursachter Gedanke, daß es
dort keine Staaten, sondern lediglich Horden und Stämme gibt und daß
"selbst die Familiensittlichkeit wenig stark" sei (228). Ngugi wa Thiong'o zitiert mit Zustimmung das Buch von M. Fortes und E.E. Evans
Pritchard: *African political systems* (Oxford 1940), in dem hierarchisch
strukturierte Staaten mit konstitutionellen Rechten der Bevölkerung und
egalitär strukturierte mit demokratischen Institutionen als die beiden
Grundtypen der afrikanischen Staaten unterschieden werden. Als Beispiele für die erste Gruppe nennt er die Yoruba in Nigeria un die Bagan-
da in Uganda und für die zweite Gruppe die Ibo in Nigeria und die
Gikuyu in Kenia.[78] Daneben werden aber auch Gesellschaften beschrieben, die keine politischen Herrschaftsstrukturen kennen, sondern mehr
gewaltfreie Organisationsformen des sozialen Lebens. Als Beispiel
hierfür seien die Kokomba in Ghana angegeben.[79]

---

78 Ngugi wa Thiong'o: *Auf dem Weg zu einer nationalen Kultur.* In:
R. Jestel (ed.), Das Afrika der Afrikaner. Gesellschaft und Kultur Afrikas.
Frankfurt a.M. 1982. S. 263 f.

79 J. Middleton/D. Tait (eds): *Tribes without rulers.* London 1958.

c) Der Naturzusammenhang

Die Begründung für das Ausgeschlossensein Afrikas und der anderen genannten Gebiete von der Geschichte lautet aber dann bei Hegel nicht in erster Linie, wie man auf der Grundlage seiner eigenen Voraussetzungen erwarten sollte, daß in diesen Gebieten kein wirklicher Staat entstanden, sich keine in sich gegliederte Gesellschaft entwickelt hat. Er verlagert die Begründung auf eine Ebene, die noch elementarer ist. Ein wirklicher Staat kann nach seiner Darstellung dort überhaupt nicht entstehen; das hat natürliche Ursachen und wird auf bestimmte physische, klimatische und geographische Gegebenheiten zurückgeführt. Hegel spricht von physischer und geographischer "Unreife" und davon, daß es "im ganzen die gemäßigte Zone" ist, "die das Theater für das Schauspiel der Weltgeschichte bieten muß". (199, 191) Sofern er dabei in diesen Gegebenheiten Ursachen erblickt, die Geschichte oder auch die Möglichkeit zu ihr definitiv unmöglich machen, verfällt er in einen fehlerhaften Naturalismus, spricht er über menschliche Verhältnisse wie über natürliche, in denen der Geist sich den Naturbedingungen nicht anpassen und sie nicht kreativ umgestalten kann. Es geht in seiner Argumentation in Wahrheit nicht, wie er in Aussicht stellt, um den "Einfluß des Naturzusammenhanges" oder darum, daß dieser Zusammenhang der "Boden" ist, "auf dem der Geist sich bewegt", sondern um ursächliche Bestimmung. (187)

So bleibt Afrika (das eigentliche Afrika südlich der Sahara) für Hegel vor der "Schwelle" der Geschichte und der Weltgeschichte stehen, weil in ihm "im allgemeinen ... das Prinzip des Hochlandes das Übergewicht hat, das der Unbildsamkeit".(234, 212) Neben dem Naturalismus in dieser Erklärung menschlicher Verhältnisse spricht sich darin in der Tat eine "Unkenntnis" der landschaftlichen Differenziertheit Afrikas aus, die nur zum Teil auf das Konto des unzulänglichen Kenntnisstandes der Zeit um 1820-30 gebucht werden kann. Hegel selbst spricht vom Senegal, Gambia, Niger, Kongo, Loango und anderen Flüssen. Aber er setzt voraus, daß sie keine geographische Grundlage bilden können, um die

"Gedrungenheit" dieses Kontinents zu gliedern oder seine "Verschlossen-heit" zu öffnen, wobei diese Begriffe als solche lediglich etwas über das europäische Afrika-Bild, aber nichts über Afrika selbst aussagen.(213 f.)

Rousseaus Einschätzung eines "Standes der Unschuld" in den Anfängen der Geschichte wiederholt Hegel im ironischen Sinn. "Para-deisos ist der Tiergarten, wo der Mensch im tierischen Zustand gelebt hat und unschuldig war, was der Mensch nicht sein soll", nämlich wild, barbarisch, grausam usw.(218 f.) Dies drückt sich besonders deutlich in der Religion der Afrikaner aus, die Hegel als "die erste Stufe der Natur-religion: Die Religion der Zauberei" klassifiziert.[80] "Die Zauberei bei den afrikanischen Völkern" fällt sowohl unter "direkte Zauberei", die durch äußere Mittel ("phantastische Kleidung" oder "betäubende Getränke") gekennzeichnet wird, als auch unter "indirekte Zauberei", bei der die Vermittlung durch "Fetische" ("Fetisch ist ...ein Schnitzwerk, Holz, Tier, Löwe, Tiger, Mann, Fluß, Baum usf.") eine wichtige Rolle spielt. Von der ersteren gilt, daß sie "noch nicht eigentlich Religion genannt werden kann", denn der Mensch tritt nicht wirklich aus dem Naturzusammen-hang heraus, während es von der letzteren heißt, daß dabei "der Geist der höhere Begriff über ihr", der Natur, sei.[81]

Die Situierung Afrikas vor und außerhalb der Geschichte bedeutet, daß für Hegel die Afrikaner als Menschen in einer Art Zwischenzustand existieren. Einerseits haben sie keinen Staat und keine Religion; sie sind wie die Tiere. Andererseits findet sich bei ihnen "eine Art von Staat", und ihre Religion kennt erste Formen einer geistigen "Vermittlung" durch belebt vorgestellte "natürliche Gegenstände".[82] Wie die Staatlich-keit und die Religiosität ist das Menschsein nicht "wirklich" vorhanden, sondern nur als "abstrakte Bestimmung".(219) Das erklärt auch die Rechtfertigung der Sklaverei und des Sklavenhandels durch Hegel, der

---

80 Hegel: *Vorlesungen über die Philosophie der Religion*. Hrsg. von G. Lasson. Hamburg 1966. (Nachdruck der 1. Aufl von 1925.) S. 77-119.

81 Ebenda, S. 95, 85, 88.

82 Ebenda, S. 84, 88, 95.

das Menschsein ja gerade durch das Freisein, durch die "konkrete Freiheit" im konstitutionellen Staat definiert. Ganz abgesehen davon, daß
Hegel das Vorkommen von Staatlichkeit in Afrika ganz falsch
einschätzt, wie wir soeben gesehen haben, und Afrika in seiner Geschichte eigene Formen der Religion und des Umgangs mit der Natur
entwickelt hat, bahnt sich heute nicht nur in der "politischen Anthropologie" eine durchaus positive Einschätzung von Gesellschaften ohne
Staat oder "gegen den Staat" an, sondern in der ökologischen Philosophie auch eine Neubewertung der Formen des menschlichen Lebens, die
näher bei der Natur stehen.[83]

### d) Zeit und Geist

Die Weltgeschichte als die "allgemeine Geschichte", in der alle
besonderen geschichtlichen Entwicklungen ihren Ort erhalten, erreicht
für Hegel ihr höchstes Niveau, das in sich unendlich weiter ausgebaut
und vertieft werden kann, im konstitutionellen Staat, wie er durch die
Französische Revolution für die europäischen und damit für die nun
allein noch weltgeschichtlich relevanten Völker Wirklichkeit geworden
ist. Dies bezeichnet den höchsten Punkt des Systems der Philosophie auf
der Stufe des "objektiven Geistes". Dem entspricht auf der Stufe des
"absoluten Geistes", daß die "Spezialgeschichten" der Kunst und der
Religion (21 f.) einmünden in die Philosophie und deren Sich-selbst-
Begreifen ihrer Geschichte in Hegels System. Die Geschichte und überhaupt die Zeit haben damit einen neuen Sinn bekommen. Sie schreiten
nicht mehr zu prinzipiell höheren Niveaus fort, sondern vertiefen sich in
sich selbst. Die bisherige Geschichte hat ihr Ende erreicht; denn nun ist
voll entfaltete, äußerlich anschaubare Wirklichkeit, was immer schon in
der (zum Teil) noch unentfalteten, inneren Struktur des Geistes verbor-
gen war.

---

83 P. Clastres: *La société contre l'État*. Paris 1974; J. Passmore: *Man's
responsibility for nature*. London 1980. 2. Aufl.

In der Naturevolution, die der menschlichen Geschichte vorhergeht und sie begleitet, "bildet" nach Hegel "die Reihe der natürlichen Gestalten eine Stufenleiter", die aber nur für den "denkenden Geist" nach oben führt ("vom Lichte bis zum Menschen"). Im Horizont des Naturgeschehens selbst bleiben "alle Sprossen nebeneinander existierend". Zeit ist nur für den Geist und in dem Geist. Aber der Geist ist auch in der Zeit, sofern "die Erscheinung der geistigen Gestalten in die Zeit fällt. Die Weltgeschichte ist also überhaupt die Auslegung des Geistes in der Zeit, wie sich im Raume die Idee der Natur auslegt." (153 f.) Zeit und Geist sind gewissermaßen korrelativ.

Dieses Verhältnis wird von Hegel noch näher bestimmt, insofern beide, Zeit und Geist, das Negative bewirken und von ihm bewirkt werden. "Die Zeit ist das Negative im Sinnlichen". Sie löst alle festen Gestalten auf und kann deshalb auch "das Korrosive des Negativen" heißen. Der Geist "ist dieselbe Negativität, aber die innerste, die unendliche Form selbst, in welche daher alles Seiende überhaupt aufgelöst wird".(178) Wie die bisherige Geschichte endet auch die Zeit. Sie hatte in der bisherigen Geschichte eine dem Geist untergeordnete Funktion, indem sie im Äußeren, sinnlich Anschaubaren nacheinander herausgebildet hat, was innerlich als die immer so seiende Gesamtheit der Gestalten des Geistes gelten muß. "Was der Geist jetzt ist, das war er immer", und er "hat alle Stufen der Vergangenheit (als negierte) noch an ihm". Die Geschichte ist deshalb in der Gegenwart ganz enthalten. "So beschäftigen wir uns, wenn wir Vergangenheit, wie groß sie auch immer sei, durchlaufen, nur mit Gegenwärtigem ... Die Momente, die der Geist hinter sich zu haben scheint, hat er auch in seiner gegenwärtigen Tiefe."(183)

Im Übergang von der *Phänomenologie des Geistes* zur *Wissenschaft der Logik* sagt Hegel, daß die Zeit "getilgt" wird. Die Aufeinanderfolge der Gestalten des Bewußtseins oder der Weisen des Wissens fällt auch in die Zeit, sie ist in gewisser Weise geschichtlich, sofern den Gestalten des Bewußtseins bestimmte Perioden der Geschichte entsprechen, in denen sie hervorgetreten sind. Die Formen des reinen Denkens,

die sich in der *Logik* selbst entfalten, sind zeitlos, ewig, das Sich-vollzie-
hen des sich selbst denkenden Denkens. Aber die Zeit wird nicht aufgehoben. Sie kann nur negiert werden, indem sie getilgt wird. Denn einerseits ist sie selbst das Negative und darum dem Geist und seiner Bewegung des Aufhebens zu nahe verwandt, und andererseits hat sie in der
Selbstentfaltung des reinen Denkens überhaupt keinen Platz, weil diese
sich als die ewige Bewegung des zeitlosen Werdens vollzieht.

Es ist die Frage, was dies für die Geschichte nach der bisherigen
Geschichte als Weltgeschichte und für die Zeit nach der Zeit als sinnlich
anschaubarer Aufeinanderfolge der Gestalten des Geistes bedeutet. Welcher Typus von Geschehen oder Geschichte und welcher Modus der Zeit
entstehen, wenn der Geist in seine eigene Tiefe hinabsteigt, wenn er
seine früheren Stufen nun in endlichen Kreisläufen unendlich durchläuft?
Das sind schwierige Fragen, die wir vorerst auf sich beruhen lassen.
Afrika (ebenso wie Ozeanien oder die Mandschurei und Mongolei)
fallen für Hegel außerhalb der Geschichte, weil sie außerhalb des Geistes
fallen. Für den tatsächlichen Verlauf der Geschichte nach der Verwirklichung des konstitutionellen Staates scheint Hegels These vom Ende der
bisherigen Geschichte sich als wahr zu erweisen. Der europäische Geist
und die zugehörigen wirtschaftlichen und politischen Strukturen vertiefen
sich zwar nicht so sehr in sich, als sie sich ausbreiten über Afrika und
alle anderen Gebiete der Erde. Sie bestimmen damit indessen das ge-
schichtliche Geschehen in universalem planetarischem Sinn.

Wenn wir gegen diese Sichtweise den eigenen Geist Afrikas und
anderer vom sich realisierenden Weltgeist beiseite oder hinter sich gelas-
sener Kulturen anmahnen, richtet sich dies nicht in erster Linie gegen
Hegel, sondern gegen das sich über die gesamte Erde ausbreitende Europa und gegen die Weise seiner Ausbreitung. Das heißt: *in Hegel und
mit Hegel steht der Gegenstand seines Denkens, Europa mit seinem Ge-
schichtsverständnis und seiner gegenwärtigen geistigen und politisch-
ökonomischen Einstellung, unter Kritik.* Wir werden versuchen in den
Umrissen anzugeben, wie wir angesichts seiner Äußerungen über Afrika
zu Hegel und zu Europa stehen.

## e) Die Ambivalenz des Andersseins

In einigen methodischen Überlegungen charakterisiert Hegel Afrika, das es in seinem "allgemeinen Geist" zu erfassen gilt, als eine Gestalt, die "so ganz von unserer Bildung abweicht", daß besondere Schwierigkeiten des Begreifens entstehen und besondere Vorkehrungen getroffen werden müssen, um sie in ihrem Anderssein zu verstehen. Diese Überlegungen klingen wie eine Vorwegnahme neuester hermeneutischer Regeln; sie geben einen vorsichtigen und reflektierten Standpunkt des Verstehenden zu erkennen. "Alle Kategorien, die für unser geistiges Leben Grundlage sind, und die Subsumtion unter diese Formen müssen wir vergessen; die Schwierigkeit liegt darin, daß doch das, was wir in unsern Vorstellungen haben, immer wieder mit unterläuft." (217)

In der Einstellung gegenüber dem Anderssein zeigt sich indessen eine tiefgreifende Ambivalenz, wenn wir darauf achten, wie Hegel den zitierten Satz betont. Es geht darum, daß "für unser **geistiges** Leben" andere Kategorien grundlegend sind, als für das nicht zum Geist und seiner Geschichte gehörende Leben Afrikas. Der "allgemeine Geist" Afrikas ist überhaupt nicht wirklicher Geist, der von unserem europäischen Geist aus begreifbar wäre, sondern "etwas der Weise unsers Bewußtseins gänzlich Entferntes und Fremdes" (ebenda). Deshalb ist das Verstehen so schwierig und bedarf besonderer methodischer Kautelen.

Wenn wir jedoch dieselbe Passage anders betonen, erhalten wir einen völlig adäquaten hermeneutischen Ausgangspunkt. "Für **unser** geistiges Leben" sind andere Kategorien grundlegend, als für das ebenso geistige Leben Afrikas und seiner Geschichte. Der Versuch, dies in seinem Anderssein zu verstehen, verlangt in der Tat größte Vorsicht und Reflektiertheit vom Verstehenden; er wird sich häufig genug damit bescheiden müssen, daß ihm grundlegende Sachverhalte unzugänglich bleiben. Dies aber nicht, weil er sich außerhalb der Sphäre des wirklichen oder eigentlichen Geistes begibt, sondern in die Sphäre eines zwar gänzlich anderen, aber völlig gleichberechtigten und gleichwertigen Geistes. In diesem zugleich anderen und gleichen liegt der besondere

Reiz und die besondere Chance, wirklich Neuem zu begegnen, das auch für die eigene Situation Bereicherndes und Weiterführendes enthält.

### 3. Das Glas bekommt Risse

Wenn Hegel in seiner Philosophie getan hat, was er in der "Vorrede" zu den *Grundlinien der Philosophie des Rechts* sagt: "ihre Zeit in Gedanken erfaßt", ist diese Philosophie gewissermaßen das Glas, durch das wir die Wirklichkeit dieser Zeit wahrnehmen als das, was sie (aus philosophischer Sicht) ist. Ich denke bei diesem bildlichen Ausdruck an ein Brillenglas oder ein Vergrößerungsglas, das es uns ermöglicht schärfer, deutlicher - ohne Bild gesprochen: begründeter - zu sehen, was wir sehen. Nun ist Philosophie freilich auch ein kritisches Unternehmen, und wir müssen fragen, was Hegel uns im Kontext seiner eigenen Zeit nicht richtig oder hinreichend deutlich sehen läßt und was wir nach ihm anders (nicht notwendigerweise richtiger oder deutlicher) sehen, sofern wir jedenfalls über eine eigene neue Weise des Sehens verfügen, das heißt über einen anderen neuen Begründungszusammenhang des Geschehens in unserer Zeit.

#### a) Hegel umkehren

Indessen hat das Glas der Philosophie Hegels in der Zeit nach ihm mancherlei Risse bekommen. Marx hat es für notwendig gehalten, Hegel umzukehren, sein Denken "vom Kopf auf die Füße zu stellen". Der Entstehung der Armut inmitten des Reichtums der bürgerlichen Gesellschaft, einer Klasse der Armen und Unterdrückten, kann nach seiner Auffassung auf der Stufe der bürgerlichen Gesellschaft nicht durch Handel mit Übersee und nicht durch Kolonisation wirksam begegnet werden. Damit sagt er nichts gegen Kolonisation, sondern nur etwas gegen die Erwartung, durch Kolonisation die spezifische Armut dieser Gesellschaft wirkungsvoll zu bekämpfen. Erst recht bestreitet er, daß der

Staat der bürgerlichen Gesellschaft dazu in der Lage oder darauf ausgerichtet ist, die Widersprüche dieser Gesellschaft in sich zu versöhnen.
Das Problem ist in der wirtschaftlichen Sphäre entstanden und kann oder
muß deshalb innerhalb dieser Sphäre gelöst werden: der Klassengegen-
satz muß aufgehoben, der gesellschaftliche Reichtum anders verteilt und
das gesellschaftliche Leben auf der Grundlage einer gemeinsamen Produktion neu organisiert werden.

Die Geschichte, die zu diesem Problem geführt hat, ist von daher
neu zu interpretieren: sie ist in ihren wesentlichen Aspekten nicht eine
Geschichte von Staaten, sondern eine Geschichte von Wirtschaftsformen.
Die geographische Verteilung der Geschichtsräume wird dadurch indessen nicht anders konzipiert. Marx bleibt bei einer Neuinterpretation der
Geschichte als Vorgeschichte Europas stehen. Für das "weite östliche
Asien", Ozeanien oder Afrika hat er keinen Blick und ebenfalls keinen
positiven Platz in seiner Geschichtsauffassung, dem Historischen Materi-
alismus.

Viele Völker Afrikas und ihre politischen Führer haben zwar
mithilfe der Marxschen Kategorien ihre eigene Situation unter der Kolonialherrschaft und danach zu deuten gesucht, denn sie konnten und
können sich im Blick auf die (ehemaligen) Kolonialmächte ohne weiteres als "arm" und "unterdrückt" erfahren. Deshalb haben sie vielfach
auch im Sozialismus Marxscher Prägung, den sie von afrikanischen
Traditionen aus kritisch rezipierten, für die neuen unabhängigen afrikanischen Länder eine positive Zukunftsmöglichkeit gesehen. Spätestens
jedoch nachdem der marxistische Sozialismus in Europa zusammenge-
brochen ist, entfällt diese Perspektive auch für die afrikanischen Völker
und ihre politischen Führer. Es bleibt die Aussicht auf eine bürgerliche
Gesellschaft mit einer funktionierenden Ökonomie und auf einen konstitutionellen demokratischen Staat, der die Wirtschaft - wo das nötig ist -
in gewissen Grenzen zu lenken und die gesellschaftlichen Widersprüche
auszugleichen sucht. Die Frage entsteht, wie dies mit der Geschichte und
und den traditionellen politischen Systemen Afrikas vermittelt werden
kann.

b) Mit Hegel gegen Hegel denken

Ausgehend von Marx, aber auch auf Hegel und auf Kant zurückgehend hat Adorno das Projekt der Hegelschen Philosophie kritisiert und zu erneuern gesucht. Das Motiv der "konkreten Freiheit" in seiner aufklärerischen Tradition will er festhalten. Aber den Gedanken des Fortschritts, wie dialektisch er bei Hegel auch immer gefaßt sein mag, läßt er nur für den Bereich der Technik gelten, wo er für ihn in erster Linie ein Fortschritt in der Waffentechnik ist und in der Furchtbarkeit des damit gegebenen Vernichtungspotentials. Auf dem eigentlich menschlichen Gebiet oder in der Kultur sieht er keinerlei Fortschritt. Barbarei ist für ihn nicht an geschichtlich frühere Perioden gebunden oder auf andere geographische Räume begrenzt. Sie konnte und kann mitten in Europa und mitten im 20. Jahrhundert in ihrer furchtbarsten Form ausbrechen und viele Millionen in einen gewaltsamen Tod treiben. Das bringt Adorno aber nicht dazu, andere Zeiten und andere Kulturen, die von Hegel und der Aufklärungsphilosophie als barbarisch gekennzeichnet worden sind, auf neue oder andere Weise zu beurteilen.

Durch seinen Fortschrittsbegriff und seine Annahme einer dialektisch schrittweisen Überwindung von Barbarei und Unfreiheit, die in unserer Zeit nicht mehr haltbar sind, ist aber Hegel nach Adorno nicht widerlegt. Wenn man ihn mit einem Blick betrachtet, der durch die Marxsche Brille geschärft ist, und wenn man die Erfahrungen der nationalsozialistischen Barbarei in das Denken aufnimmt, läßt sich das Denkprogramm der Dialektik konsequenter ausführen, als es bei Hegel selbst geschehen ist. Ihr negatives, kritisches Instrumentarium wird auf diese Weise adäquater und differenzierter. In theoretischer Hinsicht gibt es keine Versöhnung mehr und keine Aussicht auf Identität in einem in sich sinnvollen Ganzen. Diese bleibt allein für die ästhetische Erfahrung reserviert. Insgesamt muß man diese Unternehmung selber dialektisch sehen: der Hegelschen Dialektik mit ihrer schließlichen Versöhnung, ihrem positiven Endresultat trotz aller und nach allen Negationen setzt er eine Form der Dialektik entgegen, die konsequent negativ bleibt und sich jedem Umschlag ins Positive, Versöhnte versagt, die aber gerade dadurch in einer jetzt noch nicht voraussehbaren Zukunft zu einem ausgeglichenen Verhältnis beider Formen beitragen kann. Die "negative Dialektik" ist darauf gerichtet, das Nicht-identische, Besondere zu erfassen.

Innerhalb von Adornos kritischer, negativ dialektischer Theorie spielt seine Kulturkritik eine wichtige Rolle. Es handelt sich darum, daß die Industriekultur, in der alles zur Ware wird, die menschlichen Beziehungen und die kreativen Impulse verkümmern läßt. Die abstrakte Rationalität der möglichst effektiven Produktion und der Maximierung des Gewinns findet ihren Ausdruck auch noch in der Kunst, die in der Wiederholung und paradoxalen Übersteigerung dieses Prinzips ihren Protest dagegen artikuliert. In dieser kritischen Arbeit sucht Adorno indessen nicht das Gespräch mit anderen nicht-industriellen oder weniger vom industriellen Prinzip aus durchrationalisierten Kulturen. Die Wunden, die sich die europäische Kultur geschlagen hat, wird sie - wenn überhaupt - nur aus sich selbst heilen können. Daß die europäische Kultur nicht nur sich selbst verwundet hat, sondern gerade auch andere Kulturen kommt Adorno nicht in den Sinn. Deshalb kann er auch keine interkulturelle Solidarität suchen, die womöglich helfen kann, eine Perspektive zu entwickeln, wie aus der fast ausweglosen Situation herauszugelangen sei.

c) Hegel dekonstruieren

Mit seiner Formulierung: "Die Kategorien der Kritik am System sind zugleich die, welche das Besondere begreifen,"[84] nähert sich Adorno dem Unternehmen einer Dekonstruktion Hegels. Diese geht davon aus, daß in der Destruktion oder der Kritik das Konstruktive, Neue bereits vorausgesetzt und als solches mit enthalten ist. Die Dekonstruktion der Zeichentheorie Hegels führt Derrida zu einer Kritik am Eurozentrismus und am Ethnozentrismus überhaupt. In seiner dekonstruierenden Lektüre

---

84 Th.W. Adorno: *Negative Dialektik.* Frankfurt 1982. 3. Aufl., S. 38.

von Hegels Philosophie der Familie wird deutlich, wie der Aus-
schließungsmechanismus im Denken Hegels ins Werk gesetzt wird, so
daß wir ermessen können, was es bedeutet, daß Afrika und andere weite
Teile der Erde von der Geschichte und ihre Bewohner vom wirklichen
Menschsein ausgeschlossen werden.

Wie in bezug auf das Identitätsdenken der Metaphysik insgesamt
bildet auch in der Zeichentheorie Hegels Philosophie einen mehr oder
weniger abschließenden Höhepunkt. In seinem Aufsatz *Le puits et la
pyramide* zeigt Derrida, daß für Hegel (wie für Platon, Rousseau u.a.)
die gesprochene Sprache höher einzuschätzen ist als die Schrift.[85] Das
optimale Präsentsein des gemeinten Sinnes im Augenblick des Gespro-
chenwerdens kann man als das gemeinsame Motiv des "Phonozentrismus" der europäischen Metaphysikgeschichte ansehen. Es nimmt bei
Hegel die Form an, daß das gesprochene Wort, die Stimme, der Idealität
des Sinnes am nächsten kommt. Darin ist gewissermaßen weniger Mate-
rialität enthalten als in der Schrift, an welche Art von Schrift man auch
denken mag. Die Stimme wird zum möglichst direkten Träger des "inneren Erzitterns der Seele". Diese Rangordnung zwischen gesprochener
Sprache und Schrift reimt sich aber überhaupt nicht mit der
Einschätzung der Kulturen, die schriftkundig sind bzw. die überwiegend
orale Formen der Kommunikation und der Überlieferung kennen. Dies
arbeitet Derrida in *De la grammatologie* (Paris 1967) näher aus.[86] Die
Hochschätzung der gesprochenen Sprache geht zusammen mit einer Ge-
ringschätzung der überwiegend oralen Kommunikations- und Überliefe-
rungsformen. In dieser paradoxen Haltung zeigt sich, daß der Phonozentrismus der Geschichte der Metaphysik und der Ethnozentrismus der
europäischen Kultur und ihrer Wertschätzungen zwei Seiten derselben
Medaille sind.

Derridas dekonstruierende Hegel-Lektüre, die noch zu einer Reihe

---

85 In: J. Derrida: *Marges. De la philosophie.* Paris 1972. S. 78-127.

86 H. Kimmerle: *Logozentrismus, Phonozentrismus, Ethnozentrismus.*
In: Derrida zur Einführung. Hamburg 1992. 3. Aufl. S. 34-39.

verschiedener Texte geführt hat, verdichtet sich in dem Buch *Glas* (Paris 1974), in dem Hegels "Legende der Familie" im Mittelpunkt der Erörterung steht. Im Grunde ist dieses Buch ein Beitrag zu dem Thema: Hegel und die Frauen. Ob es sich dabei um eine Erörterung der Erzählung von der "großen Sünderin" in den Evangelien handelt, die Hegel in seinen *Jugendschriften* heranzieht, um die Behandlung der Geschlechterdifferenz in der Naturphilosophie der "Jenaer Systeme" oder um die Deutung der Antigone-Tragödie in der *Phänomenologie des Geistes,* jedesmal zeigt sich, daß Hegel die Frau nur im Gegensatz zum Mann denken kann. Als Schwester hat sie zwar die "höchste Ahndung des sittlichen Wesens" und gelangt so gewissermaßen "an die Grenze der Vernünftigkeit", aber als Frau bleibt sie "der Vorstand des Hauses und die Bewahrerin des göttlichen Gesetzes".[87] Das bedeutet: die Tochter kann als Schwester durch die Pflege und Aufrechterhaltung des Familienverbandes ("göttliches Gesetz") eine wichtige, indirekt für die Ordnung des Staates ("menschliches Gesetz") notwendige, aber trotzdem nicht eine wirklich sittliche Aufgabe erfüllen. Denn diese setzt das Leben und Wirken in den sittlichen Sphären der bürgerlichen Gesellschaft und des Staates voraus. Wenn die Tochter heranwächst, verläßt sie nicht, wie der Sohn, die Familie, um in die Sphären von Gesellschaft und Staat überzugehen. Sie bleibt in der elterlichen Familie, bis sie Frau und Mutter wird und in diesen Funktionen dann auf den Kreis der eigenen Familie beschränkt ist. Man kann also genau angeben, in welchem Sinn die Frau nicht wirklich Mensch ist; sie ist es nicht im Sinne des Bürgers als bourgeois und als citoyen.

## 4. Das Glas zerspringt

Hegels Denken, dessen Anspruch, die gesamte europäische Philosophie in sich zusammenzufassen und zu enthalten, hier zwar nicht

---

87 Hegel: *Phänomenologie des Geistes.* Hrsg. von H.F. Wessels/H. Clairmont. Hamburg 1988, S. 524 f.

wörtlich ernstgenommen werden soll, aber doch in dem Sinn, daß es als Modell für diese philosophische Tradition dienen kann, bildet auch für die in Kapitel 3 behandelten Kritiker Hegels eine bleibende unverzichtbare Orientierungsgröße. Die Kritik von Marx und Adorno (mit vielen Zwischenstufen, die hier nicht erwähnt werden) sucht das Hegelsche Projekt aufrechtzuerhalten. Sofern diese Kritik berücksichtigt wird, ergänzt und modifiziert sie Hegels Konzeption in einer Weise, durch die diese Konzeption nicht nur gerettet wird, sondern sich als adäquates Mittel erweist, die Situation Europas im Zeitalter der fortgeschrittenen Industriegesellschaft zu begreifen. Das Glas, durch welches der Philosoph die Wirklichkeit sieht, hat zwar Risse bekommen, aber diese Risse ermöglichen paradoxerweise gerade eine adäquates Sehen. Die Dunkelheit Hegels und die Schwierigkeit, ihn zu begreifen, das Idealistische und das Verkehrte seiner Dialektik sind nach Adorno Ausdruck entsprechender gesellschaftlicher Verhältnisse.

In Derridas "Glas" erhält das Glas weitere Risse, die das Sehen nunmehr ernsthaft stören oder behindern. Dies erweist sich indessen erneut auf paradoxe Weise als adäquat. Daß wir die Wirklichkeit unserer Welt durch das Glas der Hegelschen Philosophie, die darin stellvertretend für die Geschichte der europäischen Metaphysik steht, nicht mehr auf zureichende Weise sehen und begreifen können, kennzeichnet die Situation unseres Sehens und Begreifens. Das Neue, Konstruktive der Dekonstruktion liegt in dem Akzeptieren und Bejahen der Negativität, der Notwendigkeit der Destruktion der Tradition, die als solche Orientierung bietet. Was sich darin ausspricht, ist der Übergang zu einer tragischen Kultur.

Derrida sucht das Ausgeschlossene der Hegelschen Philosophie als Vergessenes und Verdrängtes zum Bewußtsein zu bringen und damit dessen Ausgeschlossensein in seinen Konsequenzen abzumildern. Das Ausgeschlossensein der Frau, das in *Glas* zur Diskussion gestellt wird, ist dabei nur von vorläufiger Art. Was bei Hegel letztlich ausgeschlossen wird, ist die Natur als eine Instanz, die neben dem Geist, der durch das menschlich-geschichtliche Handeln wirkt, eine bleibende Bedeutung und

ein eigenes Recht besitzt. Die Rolle der Frau in der Familie und ihr
Ausgeschlossensein vom gesellschaftlich-staatlichen Bereich ist die
Folge der Aufhebung der Natürlichkeit der geschlechtlichen Liebe, einer
Aufhebung, die hier nicht mehr wie sonst stets im dialektischen Gang
des Denkens zugleich ein Bewahrtbleiben auf höherem Niveau bedeutet.
Darin ist die Weise der Negation der Zeit präformiert, des letzten Restes
der Natürlichkeit im Geist. Diese Negation kann auch bei Hegel nicht
mehr Aufhebung heißen, weil im reinen Sichselbstdenken des Denkens
nichts von ihr übrig bleibt. Deshalb spricht er davon, daß die Zeit
"getilgt" wird. Dieser Sachverhalt, die Tilgung des Restes, ruft bei dem
Juden Derrida das Bild, die Schreckensvision des "Holocaust" hervor.
Aber auch in dieser negativsten Konsequenz europäischen Denkens
behält es für ihn einen positiven Erkenntniswert. Wird man sagen
können, daß er damit noch einmal der Hegel-Kritik eine dialektische
Wendung gibt?

## Testfall: Das Ausgeschlossensein Afrikas

Afrika ist indessen auf noch andere Weise ausgeschlossen. Es hat
weder einen Platz im System noch in der Weltgeschichte noch in der
Vorgeschichte dieser Geschichte. Hier wird nichts verdrängt oder verges-
sen, sondern bewußt nach außerhalb verwiesen und außerhalb gehalten.
Und diese Weise des Ausschließens wird in der Editionsgeschichte der
*Vorlesungen über die Philosophie der Weltgeschichte* in einer be-
stimmten Linie von Eduard Gans bis zu Johannes Hoffmeister noch
verschärft. E. Gans und K. Hegel haben um die Mitte des vorigen
Jahrhunderts den Abschnitt über Afrika, der einen Teil des Kapitels
"Geographische Grundlage der Weltgeschichte" bildet, innerhalb der
"Einleitung" abgedruckt, auch wenn die Einordnung in diesen Zusam-
menhang nicht ganz bruchlos ist.[88] Dies ist von F. Brunstäd 1907, von

---

88 Hegel: *Philosophie der Geschichte.* In: Werke. Bd IX. (Nähere
Angaben in Anm. 71.)

H. Glockner 1928 und auch noch von E. Moldenhauer und K.M. Michel 1970 so übernommen worden.[89] G. Lasson grenzt 1917 die Ausführungen über die geographische Grundlage der Weltgeschichte, deren Titel er erweitert durch "Der Naturzusammenhang oder die geographische Grundlage ..." und die er irrtümlich zusammennimmt mit Hegels Manuskript über "Die verschiedenen Arten der Geschichtsbetrachtung", als "Besondere Einleitung" ab von den vorangehenden Kapiteln, die er "Allgemeine Einleitung" nennt.[90] In der Linie dieser editorischen Eingriffe liegt es, wenn J. Hoffmeister 1955 diese Ausführungen unter dem von Lasson gewählten Titel, zusammen mit zwei "Zusätzen", in den "Anhang" zur "Einleitung" verweist.[91] Damit sind sie definitiv aus dem relevanten Text der Hegelschen Vorlesungen ausgegliedert.

Doch zurück zu Hegel selbst. Die afrikanischen Menschen sind für ihn nicht wirklich Menschen, ihre rudimentäre Geistigkeit läßt sich auf keine Weise mit dem Geist und seiner Geschichte (im logischen und im zeitlichen Sinn) vermitteln. Der Mensch, das ist der europäische (männliche) Bürger (in einem konstitutionellen Staat). Die Weltgeschichte, das ist die orientalische und griechisch-römische Vorgeschichte Europas, dessen eigene Geschichte seit dem "Byzantinischen Reich" und seine amerikanische Nachgeschichte. Alles, was außerhalb dieser Grenzen fällt und was dem Menschlichen und der Geschichte gleicht, ist in Wirklichkeit zwischen Menschlichem und Tierischem angesiedelt und mit der Geschichte nicht zu vermitteln. Das Glas zerspringt, es hat in seiner Rissigkeit und Undurchsichtigkeit keinen Orientierungswert mehr.

---

89 Für die Glocknersche Ausgabe s. Anm. 71; Hegel: *Vorlesungen über die Philosophie der Geschichte.* Hrsg. von F. Brunstäd. Leipzig 1907; Dass. in: Hegel: *Werke in zwanzig Bänden.* Hrsg. von E. Moldenhauer/K.M. Michel. Frankfurt a.M. 1970. Bd 12.

90 Hegel: *Die Vernunft in der Geschichte. Einleitung in die Philosophie der Weltgeschichte.* Hrsg. von G. Lasson. Leipzig 1917. S. 167 ff.

91 Hegel: *Die Vernunft in der Geschichte.* Hrsg. von J. Hoffmeister. (Nähere Angaben in Anm. 64.) S. 185 ff.

Damit soll nicht gesagt sein, das Hegels Philosophie zur Bedeu-
tungslosigkeit herabsinkt. Was sie weiterhin bedeutet, möchte ich in
einer dialektischen Formel zusammenfassen, und ich nehme die Anfecht-
barkeit einer solchen Formel bewußt in Kauf. Hegels Philosophie bedeutet alles für Europa, und sie bedeutet nichts für Afrika. Sie kann
deshalb auch sehr nützlich sein, um den Prozeß der Europäisierung
Afrikas zu begreifen. Aber von ihr aus wird nichts beizutragen sein zum
Verstehen der Afrikanisierung des Europäischen in Afrika und der Bedeutung dieses Prozesses für die Weltgeschichte. Hierzu bedarf es neuer
Ansätze zu einer dialogischen interkulturellen Philosophie.[92]

Dabei ist die Einsicht grundlegend, daß sich die Zeit ebensowenig
tilgen wie aufheben läßt. Nach der Einrichtung konstitutioneller Staaten
in Europa und nach Hegels philosophischem System gehen die Geschichte und die Zeit weiter wie gewohnt. Auch der Geschichte Afrikas
werden Aufmerksamkeit und Forschungskraft gewidmet. Seit der Kolonisation werden die Geschichte Europas und diejenige Afrikas miteinander
verwoben, was zur Folge hat, daß die europäischen Ökonomien neue
Absatzmärkte und neue Rohstoffquellen finden und daß ihnen afrikanische Arbeitskraft im großen Stil zugutekommt. Seit der Unabhängigkeit
der afrikanischen Staaten nimmt diese Verwobenheit eine neue Qualität
an, bei der noch nicht deutlich ist, auf welche Weise Afrika nun sein
Eigenes und Besonderes einbringen kann.

Die Zeit, indem sie weitergeht, wird indessen wohl anders erfahren. Das rein quantitative Zeitverstänis der Europäer, das gleichmäßige
Aufeinanderfolgen gleicher Zeiteinheiten, das maßgeblich der Industriegesellschaft zugrundeliegt und von ihr geprägt wird, wird mit einer
Zeiterfahrung konfrontiert, in der qualitative Zusammenhänge kosmisch-
physischer und sozial-ökonomischer Art eine wichtige Rolle spielen, die
in den afrikanischen Ländern von einer anderen Lebens- und Arbeits-
weise aus in den gegenwärtigen Veränderungs- und Entwicklungsprozeß
eingehen. Die kontinuierlich aufsteigende Tendenz des Fortschrittsden-

---

92 Kimmerle, PhiA I, S. 13-21 und 235-238.

kens bleibt dabei in der wie immer wellenförmig gedachten Linie des Entwicklungsdenkens erhalten. In Afrika beginnt man jedoch, Entwicklung nicht länger als Zweck, sondern als Mittel zu sehen.[93] Damit braucht sie nicht mehr unendlich zu sein, sondern wird sich in ihrer Notwendigkeit und ihrer Verlaufsform daran messen lassen müssen, wozu sie dient. Verschiedene Entwicklungen können verschiedenen Zielen dienen. In und neben ihnen bezeichnen ökonomisches Null-Wachstum oder regional und nach Wirtschaftzweigen differenziertes Wachstum ebenso neue Modelle des Zeitverständnisses wie kulturelle Renaissancen oder wechselnde Tendenzen von Großräumigkeit und vielfach gegliederter Buntheit. Dabei bleibt der Weg der Geschichte trotz aller Proklamationen der Gewaltlosigkeit - wie es scheint - ein Weg der Grausamkeit und des Leidens. Mit dieser Einsicht konstituiert sich die Philosophie, gerade auch wenn sie interkulturell sein will, als kritische Theorie, stellt sie sich an die Seite derer, die daran arbeiten, daß diese Grausamkeit und dieses Leiden minimalisiert werden.

---

93 J. Ki-Zerbo: *La natte des autres. Pour un développement endogène en Afrique.* Paris 1992.

# Verallgemeinerungsschritt 2

## "Interkulturalität" und das Ende der "Epoche Rousseaus"

### Einleitung: Die "Epoche Rousseaus" und ihre Grenze

Die "Epoche Rousseaus" war die Aufklärung. Mit der Vergangenheitsform in diesem ersten Satz will ich ausdrücken, daß diese Epoche nach meiner Auffassung vorüber ist. Nicht unbedeutende philosophische Autoren gehen davon aus, daß die Aufklärung, die mit einem anderen Epochennamen auch "die Moderne" genannt wird, noch nicht zu Ende ist. Sie unternehmen große Anstrengungen, die Möglichkeit ihres Fortbestehens, sei es auch in erweiterter und modifizierter Gestalt, zu verteidigen. Stellvertretend auch für andere möchte ich auf vier Autoren verweisen, die als Verteidiger der "Moderne" gelten können: Jürgen Habermas und Albrecht Wellmer, Luc Ferry und Alain Renaut. Sie wollen den Vernunftbegriff, der die Aufklärung kennzeichnet, erweitern und differenzieren. Auf dieser Grundlage suchen sie zu zeigen, daß das "Projekt der Moderne" noch unabgeschlossen ist.

Diesen Autoren stehen andere gegenüber, die nicht nur im Blick auf "die Moderne" der Auffassung sind, daß in unserer Gegenwart ein grundlegender Wandel vor sich geht. Was darin zu Ende geht, reicht weiter zurück als der Beginn der Aufklärung im 17. Jahrhundert. Die gesamte Geschichte der Metaphysik oder der europäisch-abendländischen Philosophie befindet sich nach dieser Auffassung in einer tiefen Krise, die nur zu überwinden ist, wenn es uns gelingt, die Ausgangspunkte des metaphysischen Denkens im Sinn der europäisch-abendländischen Tradition hinter uns zu lassen. Um deutlich zu machen, was hier zur Diskussion steht, kann auf Theodor W. Adorno verwiesen werden, der seine Kritik an der Metaphysik als Kritik am Identitätsdenken oder auch am Ursprungsdenken formuliert, sofern alles, was ist, auf *einen* Ursprung zurückgeführt werden soll. Es greift also viel zu kurz, wenn man die Vertreter dieser Denkrichtung, die von Friedrich Nietzsche über Martin Heidegger und Theodor Adorno bis zu Michel Foucault und Jacques

Derrida reicht, als "Postmoderne" gegenüber den Verteidigern der "Moderne" abgrenzen will.

Es liegt mir deshalb fern, mich in den Streit zu mengen, der durch eine solche unzutreffende begriffliche Gegenüberstellung gekennzeichnet wird. Wenn man die Aufklärung als die "Epoche Rousseaus" begreift, ist von vornherein ein breiter und differenzierter Begriff der Vernunft vorausgesetzt, die ihr Anderes stets bei sich hat: das Gefühl, die Unmittelbarkeit, das Künstlerische und auch die Religion oder besser gesagt: die Religiosität. Und es wird deutlich, daß die Aufklärung ihre Identität bestimmt durch die Abgrenzung von früheren Perioden der eigenen Kultur, deren Merkmale in anderen Kulturen der eigenen Zeit noch anzutreffen sind. Diese anderen Kulturen sind dann umgekehrt Vergangenheitszeugnisse des eigenen Lebens und Denkens.

Gerade in dieser Frage wird deutlich, daß Rousseau als Gegenaufklärer der Epoche der Aufklärung angehört. Auf der einen Seite wird im Zuge des Fortschrittsdenkens angenommen, daß frühere Perioden der eigenen Kultur, denen der gegenwärtige Zustand anderer Kulturen entspricht, niedriger stehen auf der Leiter der Evolution. Hierfür kann man viele Zeugen nennen: auf französischer Seite Voltaire, Turgot und Condorçet, auf der deutschen Lessing, Kant und Hegel. Rousseau vertritt eine umgekehrte Wertung, daß die früheren und anderen Kulturen höher einzuschätzen sind. Sie stehen für einen Zustand, den es in der eigenen Gegenwart (wieder) zu erlangen gilt. Für beide Denkweisen gilt jedoch, daß die eigene Epoche den Bezugspunkt für alle früheren und anderen bildet. Diese Auffassung kann man als eurozentrisch bezeichnen.

Wie man auch immer über die Versuche urteilen mag, die Aufklärung zu verteidigen und zu retten, es scheint schwieriger zu sein, ihr Gegenbild, den Rousseauismus, weiterhin als einen Ausgangspunkt des Denkens und Handelns anzunehmen. In den 50er und 60er Jahren unseres Jahrhunderts hat Claude Lévi-Strauß noch einmal die "Unschuld" und die "Unverdorbenheit" der Menschen anderer Kulturen hervorgehoben, die näher bei der Natur stehen. Er will ausdrücklich das "wilde Denken" im Blick auf das zivilisierte als gleichrangig erweisen. Aber er

verstrickt sich dabei, wie Derrida gezeigt hat, in ein unauflösliches Di-
lemma. Wie Rousseau und viele andere in der Tradition des europäisch-
metaphysischen Denkens stellt er die "gesprochene Sprache" (parole)
höher als die "Schrift" (écriture). Die letztere ist nur Supplement der
ersteren, Gedächtnisstütze, um das gesprochene Wort nicht zu vergessen.
Aber den "Naturvölkern", die er untersucht, wird es als ein Mangel
angerechnet, daß in ihrer Kultur das mündliche Sprechen als das wichtigste Mittel der Kommunikation und Überlieferung benutzt wird und
daß sie des Schreibens nicht kundig sind. Derrida will durch das Aufdecken dieser Aporie darauf hinweisen, daß die "Epoche Rousseaus" zu
Ende ist.[94]

Dieses Ende ist freilich nicht als eine Grenzlinie zu verstehen, die
wir überschreiten können, um so die "Epoche Rousseaus" zu verlassen
und in eine andere Epoche einzutreten. Die Grenze ist ein Über-
gangsgebiet, das nicht mehr völlig der Periode angehört, die verlassen
wird, und noch nicht eindeutig der nächsten, die erwartet wird. Daß
Rousseau weiterhin aktuell ist, da wir noch im Schatten seiner Epoche
stehen, geht aus Derridas Interpretation seines Werkes deutlich hervor.
Es läßt sich nämlich zeigen, daß nach Rousseau der Zustand der Unschuld und der Unverdorbenheit, der menschlichen Unmittelbarkeit und
Nähe, den es wiederherzustellen gilt, als solcher niemals bestanden hat.
Von Anfang an sind Hilfskonstruktionen nötig, Supplemente, um
möglich zu machen, was wohl intendiert, aber niemals realisiert gewesen
ist. Das Wichtigste dieser Supplemente ist zweifellos der "Gesellschafts-
vertrag". Aber auch er sucht nur wiederherzustellen, was niemals gewesen ist. Und es bedarf stets weiterer Supplemente, vor allem desjeni-
gen der "Erziehung", so daß die Stunde des wahren oder glücklichen
Menschseins niemals schlagen wird.

Die Logik der Supplemente ist eine Logik des Aufschubs. Wenn
man diese Logik in ihren Konsequenzen durchdenkt, führt sie zu der

---

94 Vgl. J. Derrida: *Grammatologie*. Übers. H.-J. Rheinberger/ H.
Zischler. Frankfurt a.M. 1974, S. 173-177 und 192 f.

Annahme, daß jeder neue Zustand seine Vor- und Nachteile hat und deshalb von einem anderen abgelöst werden wird. Die Bewertung ist dabei an einer Intention orientiert, die inhaltlich nicht näher bestimmt ist. Im Sinne Rousseaus und auch im aktuellen Sinne kann man sie durch die Formel umschreiben: "Im Einklang mit der Natur leben", die selbstverständlich auch gesellschaftliche Implikationen hat, daß es nämlich in welcher konkreten Gestalt auch immer um die Realisierung von gesellschaftlicher Unmittelbarkeit und menschlicher Nähe geht.

Diese aktuellen Aspekte des Rousseauschen Denkens werden uns später in diesem Essay weiter beschäftigen. In einer ersten vorläufigen Lektüre steht sein Denken für eine romantisch verklärende Perspektive im Blick darauf, was er den "Naturzustand" genannt hat. Rousseaus Denken erscheint als eine Umkehrung der Fortschrittsidee der übrigen Aufklärung. In diesem Zusammenhang muß deutlich sein, daß man nicht mehr danach fragen kann, "ob die Wiederherstellung der Wissenschaften und der Künste dazu beigetragen hat, die Sitten zu reinigen",[95] und daß deshalb weder eine negative noch eine positive Antwort (im Sinne Rousseaus oder auch nicht in seinem Sinne) gegeben werden kann. In dieser Form verbietet sich diese Fragestellung schon deshalb, weil die "Wissenschaften und Künste" nicht mehr als eine Einheit gesehen werden können, sondern jeder nur von seiner Disziplin aus oder allenfalls in interdisziplinärer Zusammenarbeit etwas sagen kann. Das Hauptproblem ist freilich, daß "Reinheit der Sitten" als ein zu hoch gestecktes Ziel erscheinen muß, so daß das Streben danach nur Enttäuschung zur Folge haben kann.

Was bleibt, ist die Frage nach der Lebensermöglichung. Gegenüber dieser Frage erscheint die Aussicht auf "Reinheit der Sitten" ebensosehr als ein zu hohes Ideal, wie der Zustand der verlorenen Unschuld oder Unverdorbenheit einer romantisch-verklärenden Perspektive zugewiesen werden muß. Die Kategorien der Aufklärung erweisen sich

---

95 Dies ist die Formulierung der Preisfrage der Académie de Dijon von 1750, deren Beantwortung durch Rousseau preisgekrönt worden ist.

als ungeeignet, um das Verhältnis der eigenen Kultur zu anderen, fremden zu erfassen. Zwar entscheidet sich an der Frage der Bestimmung des
Verhältnisses der Kulturen zueinander wie in der "Epoche Rousseaus",
was als das Denken unserer Zeit zu gelten hat. Diese Verhältnisbestimmung geht aber von neuen geschichtlichen Gegebenheiten aus, und sie
bedarf neuer kategorialer Mittel als derjenigen, die Rousseau und der
Aufklärung zur Verfügung standen.

Für das Verhältnis der Kulturen zueinander ist es nicht länger
maßgebend, wie alle anderen Kulturen sich als frühere zur eigenen als
der späteren verhalten, wobei diese zugleich als die bessere (wie in der
Aufklärung) oder schlechtere (wie bei Rousseau) aufgefaßt wird. Eine
Vielheit von Kulturen besteht miteinander und nebeneinander. Ihre
Verhältnisbestimmung ist eines der vitalen Probleme unserer Zeit.
Zunächst einmal ist zu erörtern, ob dieses Problem als "Multikulturalität"
oder als "Interkulturalität" zu fassen ist und wie Einheit und Verschiedenheit der Kulturen von diesen Begriffen aus gedacht werden kann.(1)
Wenn von hier aus die Frage gestellt und in ersten Umrissen beantwortet
wird, "was der internationale philosophische Diskurs zu einer adäquateren Bestimmung des Verhältnisses der Kulturen zueinander beitragen
kann",[96] indem auf die gesellschaftliche Relevanz der interkulturellen
Philosophie verwiesen wird,(2) gilt es zugleich aufzuzeigen, daß dies
eine Kernfrage der heutigen Philosophie ist, die diese notwendig stellen
muß, um ihrer Aufgabe als Philosophie dieser Zeit gerecht zu werden.(3)

### 1. "Multikulturalität" oder "Interkulturalität"?
*Ein vitales Problem unserer Zeit*

Niemals zuvor in der Geschichte der Menschheit hat in so großem
Ausmaß eine Begegnung und Vermischung verschiedener Kulturen
stattgefunden wie in der zweiten Hälfte des 20. Jahrhunderts. Um einen

---

96 In dieser veränderten Form ist die Frage der Académie de Dijon
von der Philosophie aus heute zu stellen.

Maßstab des Vergleichs zu finden, kann man
- an die von Griechenland und von Rom aus beherrschten Vielvölker-
staaten der Spätantike denken (vom 3. Jahrhundert vor bis zum 4.
Jahrhundert nach dem Beginn unserer Zeitrechnung),
- an die Periode der Völkerwanderung der germanischen Stämme vom 5.
bis zum 8. Jahrhundert,
- an die viele Jahrhunderte seit dem Beginn unserer Zeitrechnung wäh-
rende Ausbreitung der Bantu von relativ begrenzten Siedlungsgebieten in
Zaïre und Ruanda über weite Teile Afrikas südlich der Linie, die man
von Kenia bis Kamerun quer über diesen Kontinent ziehen kann,
- an die Arabisierung und Islamisierung Nordafrikas seit dem 5. Jahrhundert,
- an die von Indien und China ausgehende Bekehrung der Bevölkerung
Malaysias, Sumatras, Javas und anderer Gebiete im südostasiatischen
Archipel zum Buddhismus und zum Hinduismus vom 8. bis zum 11.
Jahrhundert, die seit dem 11. Jahrhundert von einer Islamisierungswelle
in diesen Gebieten abgelöst wurde, oder auch
- an die Kolonisierung und christliche Missionierung weiter Teile der
bewohnten Erde, die seit dem 15. Jahrhundert von Europa aus erfolgt ist.
Gernot Volker schreibt im Blick darauf über Mittel- und Südamerika,
"daß kein Teil der Welt jemals eine Rassenmischung (spanisch 'mestiza-
je') so großen Ausmaßes erlebte wie Lateinamerika seit 1492", d.h. seit
dem Jahr der "Entdeckung" Amerikas durch die Europäer.[97]
　　Häufig genug war die Begegnung und Vermischung von Kulturen
im großen oder auch im kleineren Maßstab gepaart mit Krieg und Unter-
werfung. Als eines der grausamsten, die Ehre der Menschen am meisten
verletzenden Geschehnisse in diesem Zusammenhang muß man den groß
angelegten Menschenhandel betrachten, der von Europäern mit Afrikanern betrieben worden ist. Wenn man dies bedenkt, kann man von Glück
sprechen, daß die gigantischen Wanderungsbewegungen und Mischungs-

　　97 G. Volker: *Mestizenkultur. Lateinamerikas Identität im Spiegel seines zeitgenössischen Denkens.* In: Merkur. Deutsche Zeitschrift für europäisches Denken 47, H. 3 (1993) Nr. 528, S. 219.

prozesse seit dem Ende des Zweiten Weltkrieges bisher wesentlich mehr
im Zeichen wirtschaftlicher und technologischer als expansiv politischer
und kriegerischer Entwicklungen erfolgt sind. Die weitere Geschichte
wird erweisen müssen, wie lange diese Periode dauert und welche Spu-
ren sie im Bewußtsein der Menschheit hinterläßt. Oder muß man davon
ausgehen, daß die Kriege zwischen Aserbeidshan und Armenien, zwischen Serbien auf der einen, Kroatien bzw. Bosnien Herzogewina auf
der anderen Seite, aber auch zwischen Kroatien und bosnischen Moslems
geführt werden, das Ende der relativ friedlichen Neubestimmung des
Verhältnisses der Kulturen zueinander anzeigt?

Was vor allem in Europa, aber auch weltweit entsteht, wird vielfach als "multikulturelle Gesellschaft" bezeichnet. Berlin ist die
drittgrößte türkische Stadt, in Rotterdam gibt es große Bevölkerungan-
teile aus Suriname, den Molukkischen Inseln, den Antillen und Marokko.
In Paris leben bereits seit den dreißiger Jahren größere Gruppen arabischer und schwarzer Afrikaner, die nach dem Zweiten Weltkrieg erneut
stark angewachsen sind. Ebenfalls schon seit längerer Zeit sind die
Stadtteile in New York bekannt, in denen fast ausschließlich Chinesen
oder Neger wohnen. In einer ostafrikanischen Großstadt wie Nairobi
leben nicht nur Menschen von sehr verschiedener afrikanischer kultureller Herkunft (Bantugruppen und nilotische Völker), sondern auch Inder
und Europäer. Die Probleme, die in diesen Zusammenhängen entstehen,
hat man zunächst unter den Begriffen des Umgangs mit Minderheiten
zusammengefaßt. Da diese Terminologie von vielen als diskriminierend
empfunden wurde, bevorzugt man seit kurzem den Ausdruck "Multikulturalität". Die politischen Konzepte variieren zwischen der Forderung
nach Anpassung und dem Festhalten(dürfen) an der eigenen Identität.

Aus philosophischer Sicht geht es um die Frage, ob in Verbindung
mit diesem Prozeß eine unterschiedslose Vermischung des Denkens und
der weltanschaulichen Standpunkte entsteht, ein Synkretismus enormen
Ausmaßes, oder ob Formen der Begegnung möglich sind, bei denen
vielfältiger Austausch stattfindet, aber auch das Eigene der verschiedenen Kulturen gewahrt bleiben kann. Das erstere würde mit Recht

"Multikulturalität" heißen. Das Fehlen deutlicher Unterschiede würde aber nicht nur die Orientierung schwierig machen. Es würde auch einer fruchtbaren Beziehung der verschiedenen Kulturen aufeinander im Wege stehen. Deshalb möchte ich für das letztere optieren und dafür den Begriff "Interkulturalität" verwenden.

In seinem Buch *Martin Heideggers Angang der interkulturellen Auseinandersetzung* macht Florian Vetsch deutlich, daß zur Interkulturalität wesentlich "Auseinander-setzung" gehört, das heißt ein Austausch von Gedanken und Wertschätzungen, bei dem nicht alles ineinander-fließt, sondern kulturelle Besonderheiten in ihrer Unterschiedenheit erkennbar bleiben.[98] Eine globale Einheitskultur ohne solche Besonderheiten, auch wenn sie in ihrem Erscheinungsbild überall dem heutigen westlichen Europa gleichen sollte, was die meisten heute lebenden Menschen mehr oder weniger sehnlich erhoffen, kann für ein waches und sensibles Bewußtsein nur einen Alptraum bedeuten. Es hängt viel davon ab, daß "Interkulturalität" als Einheit und Verschiedenheit der Kulturen klar gedacht wird, wenn es darum geht, daß die relativ friedlichen Prozesse der Begegnung der Kulturen nach 1945 in der Zukunft ihre Fortsetzung finden.

Dabei versteht es sich von selbst, daß die Formel 'eher wirtschaftlich und technologisch als expansiv politisch und kriegerisch' nicht einen wie immer gearteten Idealzustand zu bechreiben sucht. Um dieses Mißverständnis zu vermeiden, bedarf es nicht einmal des Blicks auf den Balkan-Krieg oder die Kriege im Gebiet der ehemaligen UdSSR. Es genügt, an die Erscheinungen von "Fremdenhaß" zu erinnern, die mit "Fremdenangst" gepaart sind, wie sie seit der deutschen Wiedervereinigung in diesem Land erschreckend zugenommen haben.

Indessen sind "Multikulturalität" und "Interkulturalität" nicht zwei im strengen Sinn einander ausschließende Begriffe. Es finden sich nahezu in jedem Fall auch multikulturelle Elemente innerhalb einer inter-

---

98 F. Vetsch: *Martin Heideggers Angang der interkulturellen Auseinandersetzung.* Würzburg 1992, S. 8.

kulturellen Situation. Das bezeichnet auch die innere Dynamik dieser Lage. In diesem Zusammenhang gilt es zu bedenken: Die Begegnung und Vermischung der Kulturen innerhalb eines Kulturbereichs, in dem sich Menschen einer anderen Kultur dauerhaft ansiedeln, bedeutet etwas anderes als gelegentliche Besuche, Reisen, Studien oder Arbeitsaufenthalte in fremden Kulturbereichen. Im ersten Fall gibt es im Rahmen der interkulturellen Situation stärkere multikulturelle Elemente als im zweiten. Aber auch in der Lage des dauerhaften Zusammenlebens von Menschen verschiedener Kulturen ist es fruchtbarer, von einem Austausch zwischen Verschiedenen auszugehen, der diese selbstverständlich näher zueinander bringt, als von einem Miteinander und einem Vermischungsprozeß, in dem die Unterschiede nicht reflektiert werden und nicht als solche ins Spiel kommen können.

Die Behandlung und Erörterung der Probleme, die hier mit "Multikulturalität" oder "Interkulturalität" umschrieben werden, in der Tagespolitik und in den Medien geben Anlaß zu der Bemerkung, daß es bei diesen Problemen nicht darum geht, ob die verschiedenen Kulturen, indem sie sich begegnen und vermischen, ihre Identität behalten oder verlieren. Vor allem darf man diese verkehrte Fragestellung nicht - im Sinne der Aufklärung oder des Rousseauismus - auf das Verhältnis zwischen europäischer und nicht-europäischen Kulturen zuspitzen wollen: Behalten oder verlieren nicht-europäische Kulturen in ihrer Begegnung und Vermischung mit der europäischen ihre Identität? Zumindest wird man dann zugleich fragen müssen, inwieweit auch das Umgekehrte gilt. Denn östliche Einflüsse auf das westliche Denken sind auf vielen Gebieten für jedermann leicht sichtbar (man denke nur an japanische Arbeits- und Produktionsweisen, an chinesische Akupunktur oder an das indische Yoga). Vor allem in der Kunst sind auch vielfältige Anregungen aus Afrika im Westen spürbar (Beispiele aus der Musik, Literatur und bildenden Kunst sind bekannt genug).

Die Identität einer Kultur ist prinzipiell keine statische Größe, die man behalten oder verlieren kann. Sie bezeichnet eine diachronische Verallgemeinerung im Prozeß der Kulturen, zu dem auch immer Aus-

tausch und Vermischung gehören. Kulturelle Identitäten sind ständig in
Veränderung. Und häufig erweisen sich gerade Zeiten, in denen Austausch und Vermischung einen hohen Grad von Intensität erreichen, als
Perioden dynamischer und reicher Kulturentwicklung. Deshalb ist, was
heute geschieht, Gefahr und Chance zugleich. Entsteht ein unstruktu-
rierter kultureller Einheitsbrei oder kommt es eher zu einer fruchtbaren
Spannung, zu positiven Identitätsveränderungen, indem die Kulturen
zugleich zusammengebracht und auseinandergehalten werden? Inwieweit
kann das letztere auf dem Gebiet der Philosophie realisiert und im Blick
auf die gesamte Gesellschaft initiiert werden, wenn sie interkulturell zu
arbeiten beginnt?

## 2. Die gesellschaftliche Relevanz der interkulturellen Philosophie

Es ist leicht ersichtlich, wenn man die akademische Philosophie in
Europa, aber auch im weiteren globalen Maßstab betrachtet, daß sie sich
dem Problem der "Interkulturalität" noch nicht wirklich gestellt hat. Wo
an der interkulturellen Philosophie gearbeitet wird oder wurde - wie z.B.
in Wien, Leipzig oder Rotterdam -, wird sie marginalisiert, in ihrer
Entfaltung behindert oder ganz und gar abgeschafft. So sehr ihre Relevanz intellektuell auch eingesehen wird, scheint sie doch gefühlsmäßig
erhebliche Widerstände hervorzurufen. An anderen Stellen - wie z.B. in
Cambridge (MA), Durham (NC) oder Columbus (OH) -, wo afro-amerikanische Studien in letzter Zeit zu wichtigen Publikationen geführt haben, scheinen die Bedingungen etwas günstiger zu sein. Zweifellos muß
aber die Philosophie, die nicht versucht, den weltweiten Austausch auf
den Gebieten der Wirtschaft und Politik, der Technologie und Wissenschaft und auch der Kunst und Kultur kritisch zu begreifen und selbst
adäquate Formen hierfür zu entwickeln, als provinziell bezeichnet wer-

den.[99]

In erster Linie hat dieses kritische Begreifen eine historische Dimension. Die gegenwärtige Begegnung und Vermischung der Kulturen hat ihre Wurzeln in der Geschichte der "großen Entdeckungen", die von Europa aus gemacht wurden, und in den Prozessen der Kolonisierung und Missionierung, die von diesem Kontinent ausgegangen sind, mit allen dazu gehörenden fatalen und grausamen Aspekten. Diese Vorgänge kritisch zu begreifen, bedingt für die europäische Philosophie ein gerütteltes Maß an Selbstkritik. Wenn man einmal untersucht, was Hume und Voltaire oder Kant und Hegel über die Alte und die Neue Welt, über die Neger in Afrika und über andere "Rassen" geschrieben haben, sieht man, daß die darin enthaltenen Urteile mit den betreffenden philosophischen Grundkonzeptionen eng verflochten sind. Von der Höhe der europäischen Entwicklung blicken diese Philosophen herab auf die anderen Teile der Welt, insbesondere auf die Gebiete, die als "primitiv" abqualifiziert werden. An solchen selbstkritischen Forschungen ist an den genannten europäischen Universitäten bereits relativ gründlich gearbeitet worden.

Derartige Urteile über andere "Rassen" und insbesondere über die "Primitiven" werden von Rousseau und dem Rousseauismus in erster Instanz lediglich umgekehrt. Weil sie näher bei der Natur leben, sind diese Menschen unschuldig und unverdorben. Die Geschichte der Zivilisation, die zum Europa des 18. Jahrhunderts geführt hat, ist nicht eine Geschichte des Fortschritts, sondern des Verfalls und der Verderbnis der Sitten. Wie oben bereits erwähnt wurde, hat Derrida gezeigt, daß die "Epoche Rousseaus", die von dieser Einschätzung ausgeht, bis zu Claude

---

99 Der Vorwurf des Provinzialismus soll hier nicht ein Denken kritisieren, das sich der Landschaft und den Menschen verpflichtet weiß, die in der näheren Umgebung leben. (Vgl. dazu M. Heidegger: *Schöpferische Landschaft. Warum bleiben wir in der Provinz?* In: Denkerfahrungen. Frankfurt a.M. 1983, S. 9-13.) Die Kritik richtet sich vielmehr gegen die Engstirnigkeit und Horizontlosigkeit des Denkens, die häufig mit diesem Ausdruck bezeichnet werden.

Lévi-Strauß reicht, der noch immer von den "edlen Wilden" spricht, von der Reinheit und Unschuld ihres naturnahen Daseins. Daß der Rousseauismus demselben Denken angehört, welches er umzukehren sucht, verdeutlicht Derrida daran, daß Lévi-Strauß wie schon Rousseau den primitiven Völkern die Fähigkeit des Schreibens aberkennt. Darauf werde ich im 3. Kapitel, ebenso wie auf die aktuellen Aspekte des Rousseauschen Denkens, noch einmal zurückkommen.

Die interkulturelle Philosophie sucht demgegenüber die eigene Bedeutung und das eigene Recht der nicht-europäischen Kulturen anzuerkennen und zu respektieren. Innerhalb des Prozesses der Modernisierung und Europäisierung, der weltweit im Gange ist und auch gewünscht wird, ist es notwendig, daß die nicht-europäischen Kulturen ihre Vorstellungen und Werte einbringen können, sofern sie dies wollen. Das ist für diese Kulturen selbst von Belang, aber auch für den Modernisierungsprozeß im allgemeinen. Denn dieser Prozeß bringt in seiner europäischen Gestalt, deren Elemente auch in anderen Kulturen übernommen werden, große Probleme mit sich. Ich nenne stellvertretend auch für andere: Soziale Asymmetrien, Umweltzerstörung, Überbevölkerung, Technisierung und Informatisierung um ihrer selbst willen. Es ist bis heute nicht deutlich, wie diese Probleme gelöst werden können. Deshalb ist eine gemeinsame - wenn man so sagen will: menschheitliche - Anstrengung gefordert, um an solchen Lösungen zu arbeiten.

Auf den Gebieten der Kunst und der Philosophie hat der interkulturelle Austausch aber eine andere Form als in der Wirtschaft und Politik oder in der Wissenschaft und Technologie. Denn auf diesen Gebieten gibt es kein Entwicklungsgefälle zwischen Nord und Süd, sondern alle Kulturen stehen prinzipiell auf gleicher Stufe. Für die Kunst wird das eher einsichtig sein als für die Philosophie, weil die europäische Malerei und Musik nachhaltig von afrikanischer und von ozeanischer Kunst beeinflußt worden sind. Hierfür genügt es, an Gauguin und Picasso, Braque und Vlaminck und an die Geschichte des Jazz zu erinnern. Für beide Gebiete: Kunst und Philosophie läßt sich zeigen, daß sie von ihren Anfängen an gewissermaßen vollendet sind. Ich verweise in diesem Zusammenhang einerseits auf die Felszeichnungen von Namibia oder auf die Höhlengemälde von Lascaux, die bis zu 20.000 Jahre alt sind, und andererseits auf das philosophische Werk Lao tses oder die ältesten indischen Veden und Upanishaden, die auf 1.500 vor unserer Zeitrechnung zurückgehen. Damit soll freilich nicht gesagt sein, daß es zwischen den verschiedenen Werken der Kunst oder der Philosophie keine Rang- oder Niveau-Unterschiede gibt. Es geht lediglich darum, daß unabhängig von der Zeitperiode und der geographischen oder kulturellen Zugehörigkeit Werke von höchstem Rang möglich sind.

Der Austausch zwischen den Philosophien verschiedener Kulturen kann deshalb am besten in der Form des Dialogs geschehen, der auf der Grundlage der Gleichheit zu führen ist. Das bedeutet: es wird vorausgesetzt, daß die verschiedenen Kulturen einen eigenen Stil des Philosophierens kennen und daß jede Kultur im Blick auf die andere(n) etwas zu geben und etwas zu empfangen hat. Ebensowenig wie es zwischen den verschiedenen Stilen des Philosophierens eine hierarchische Beziehung gibt, findet zwischen ihnen eine Entwicklung statt von niedrig nach hoch oder umgekehrt. Sofern es solche Entwicklungen zu geben scheint, betreffen sie lediglich die technischen Mittel und nicht die Substanz oder den Kern der Philosophie.

Der Dialog zwischen den Philosophien verschiedener Kulturen in diesem Sinn bildet eine Gegeninstanz zum Entwicklungsdenken, das auf anderen Gebieten zurecht eine wichtige Rolle spielt, etwa auf denen der Wirtschaft oder der Technologie, und das auch in der Philosophie lange Zeit hindurch geherrscht hat, von Augustin und Joachim di Fiore bis zu Hegel und Marx, um auf eine bekannte Linie innerhalb des westlichen Denkens hinzuweisen. Innerhalb des Entwicklungsdenkens ist es freilich auch bereits zu Differenzierungen gekommen, die nicht übersehen werden sollen. Die Einsicht hat an Boden gewonnen, daß  neben wirtschaftlicher und technischer Entwicklung nach westlichem Modell auch kulturelle Entwicklung wichtig ist, die nicht ausschließlich an westlichen Werten orientiert sein muß.

Der philosophische Dialog sucht indessen die Gleichheit der

Gesprächspartner und die Gegenseitigkeit des Aufeinander-hörens und
des Voneinander-lernens sehr viel entschiedener ernstzunehmen, als es
im Rahmen des Entwicklungsdenkens möglich ist. Dieser Dialog kann
deshalb der Einsicht Nachdruck verleihen, daß die Würde des Menschen
in den verschiedenen Kulturen dieselbe ist, auch wenn ein Unterschied
in der wirtschaftlichen oder technologischen Entwicklung besteht. Ferner
entsteht durch die entschiedene Gleichheit des philosophischen Dialogs
eine Offenheit für das Andere, das Besondere und Spezifische im Denken verschiedener Kulturen, das im Blick auf das Eigene eine Berei-
cherung darstellen kann und zum Finden von Lösungsmöglichkeiten
anregen kann, die auf der Grundlage der bisherigen Denkmöglichkeiten
nicht erreichbar waren. Diese Sicht des Anderen läßt sich in das breitere
Austauschgeschehen zwischen den Kulturen einbringen, wo es zu einer
vergleichbaren Offenheit anregen kann.

　　Das Besondere und Spezifische einer anderen Kultur, das im
interkulturellen Dialog begegnet, ist häufig auch in der eigenen Kultur
vorhanden, aber dann in der Vergangenheit oder als vergessene und unterdrückte Möglichkeit des eigenen Lebens und Denkens. Als Beispiele
mögen der Geisterglaube oder alternative Heilmethoden gelten. Bei der
Projektion in die Vergangenheit muß man sich freilich davor hüten,
Erscheinungen einer anderen Kultur prinzipiell bestimmten früheren
Stufen der eigenen Geschichte zuzuordnen und diese als überholt zu betrachten. Dieses Problem hat Johannes Fabian klar herausgearbeitet. Für
den Anthropologen kann sich auf diese Weise "die empirische Anwesenheit des Anderen in seine theoretische Abwesenheit" verkehren, sofern
der Andere in seiner heutigen Situation einer früheren Zeitperiode zuge-
rechnet wird.[100]

　　Man darf freilich nicht erwarten, daß in einem solchen Dialog
alles verständlich wird oder einen Platz im eigenen Verständnishorizont
bekommt. In diesem Punkt muß ich der Verstehensauffassung meines

---

100 J. Fabian: *Time and the other. How anthropology makes its object.*
New York 1983, S. XI.

philosophischen Lehrers Hans-Georg Gadamer widersprechen, wenn er sagt, daß die Sprache "das Ganze der Fremdheit umfaßt, die zwischen Mensch und Mensch sich auftut", daß deshalb grundsätzlich immer gilt: "Man muß das Wort suchen und kann das Wort finden, das den anderen erreicht."[101] Nach meiner Erfahrung bei den Versuchen interkulturellen Verstehens bleiben gewissermaßen erratische Blöcke, die sich jeder Einordnung entziehen. So bildet für Kwame Anthony Appiah, der in Kumasi, der Hauptstadt des Ashanti-Reiches in Ghana, aufgewachsen ist und heute an der Harvard Universität in USA afro-amerikanische Studien und Philosophie doziert, die Gegenwart der Geister der Verstorbenen in der diesseitigen Welt der Lebenden, die er einer "invisible ontology" einzuordnen sucht, eine nicht lösbare Aporie. "Wir können", wie er sagt, "der Frage nicht ausweichen, ob es möglich ist, entgegengesetzte, individuelle Erkenntnisstile anzunehmen...verschiedene 'standards' für verschiedene Zwecke".[102]

Nach mehrjährigen Studien und Reisen nach Ost- und Westafrika hatte ich eher den Eindruck, noch immer ganz am Anfang eines Verständnisses der dort anzutreffenden Kultur zu stehen. Für den interkulturellen philosophischen Dialog habe ich deshalb eine Methodologie des Hörens vorgeschlagen. Ich wiederhole hier die Kernsätze dieser Methodologie: "Das Projekt einer interkulturellen Philosophie besteht zunächst darin, zu hören, lange Zeit hindurch zu hören, wie sich die Philosophie einer anderen Kultur als Antwort auf bestimmte Fragen und als Reaktion auf bestimmte Argumente artikuliert. Auch Hören will gelernt sein; es erfordert Offenheit, Konzentration, Disziplin und eine methodisch geleitete Technik. Wie das Verstehen, das viel später kommt, ist es Kunst."[103] Dabei ist mit der bleibenden Möglichkeit zu rechnen,

---

101  H.-G. Gadamer: *Hermeneutik II. Wahrheit und Methode. Ergänzungen, Register.* Tübingen 1986, S. 364.

102  K.A. Appiah: *In my father's house. Africa in the philosophy of culture.* London 1982, S. 219 f.

103  Kimmerle, PhiA I, S. 8.

daß sich in bestimmten Dingen ein Verständnis überhaupt nicht einstellen wird.

Als Ergebnis einer bestimmten Phase des Dialogs wird man nicht davon ausgehen können, daß das Andere einer anderen Kultur direkt übernommen werden kann oder daß es fertige Antworten auf Fragen enthält und für die eigene Kultur gewissermaßen bereithält, die wir selbst nicht lösen können. Es wird eher so sein, daß das eigene Denken durch die Begegnung mit dem fremden dazu angeregt wird, sich in sich zu vertiefen, daß sein eigener Erfindungsreichtum und der Spielraum seiner Möglichkeiten erweitert werden. Zuweilen bedeutet es bereits sehr viel, wenn nichts anderes geschieht, als daß bestimmte Selbstverständlichkeiten des eigenen Denkens auf diesem Weg in Frage gestellt und zum Gegenstand einer kritischen Untersuchung gemacht werden. Denn "das Nächste ist das Schwerste", wie Derrida prägnant formuliert hat, oder in der bildkräftigeren Sprache Ernst Blochs ausgedrückt: "Am Fuße des Leuchtturms ist kein Licht." Aus dem hier behandelten Zusammenhang erinnere ich an das Fortschritts- und Entwicklungsdenken, das differenziert und eingeschränkt werden muß, oder an den Irrglauben, daß verschiedene Kulturen verschieden hoch auf der Leiter der Evolution der Menschheit stehen.

Beispiel: Sozialismus und Demokratie im westlich-afrikanischen Dialog

Es wird nützlich sein, diese schwierigen methodologischen Probleme an einem Beispiel zu verdeutlichen. Einen in der letzten Zeit viel diskutierten Modellfall bildet die Übernahme der europäischen politischen Ideen des Sozialismus und der Demokratie in das afrikanische Denken.[104] Im Zusammenhang des Prozesses der Erringung der Unabhängigkeit - für viele der afrikanischen Länder also um 1960 - haben sich eine ganze Reihe (unter ihnen Senegal, Ghana und Tansania)

---

104 S. z.B. R. Cohen/H. Goulbourne (eds): *Democracy and socialism in Africa.* Boulder/San Francisco/Oxford 1991.

bei den theoretischen und praktischen Formen des Sozialismus angeschlossen. Dieser Vorgang war indessen mit dem Versuch verbunden,
den Sozialismus zu modifizieren und zu afrikanisieren. Dabei spielte
neben dem neuen Selbstbewußtsein der Schwarzen, das sich stark auf
das Gefühl gründete, der traditionelle afrikanische Gemeinschaftssinn
eine große Rolle. Das erstere ist von Aimé Césaire, Léopold Senghor
u.a. als "Négritude" konzeptualisiert worden Das letztere haben Senghor,
Kwame Nkrumah, Jomo Kenyatta u.a. als "Kommunalismus" bezeichnet,
während Julius Nyerere von "Ujamaa" (Lehre von der als Großfamilie
lebenden Dorfgemeinschaft) spricht. In jedem Fall sollte der afrikanische
Sozialismus, wie besonders auch Kenneth Kaunda betonte, human und
freiheitlich sein.

Während der Demokratisierungsprozesse, die nach dem Zusammenbruch des "real existierenden" Sozialismus in Mittel-, Ost- und
Südosteuropa auch in Afrika in Gang gekommen sind, die aber dort auch
viel ältere afrikanische Wurzeln haben, kamen in verschiedenen Ländern
(unter ihnen Benin, Elfenbeinküste, Mali, Gabon und Zaïre) auf sponta-
nem Weg sogenannte Nationale Konferenzen zusammen. Dabei handelte
es sich um Organe dieser Völker, die nach einer Periode autoritärer
Regierungssysteme demokratische Verfassungen aufgestellt und freie
Wahlen organisiert haben. Im Zusammenhang mit diesen Entwicklungen
haben afrikanische Philosophen (Yacouba Kanoté, Ernest Wamba dia
Wamba und Mahmud Mandani) darauf hingewiesen, daß traditionell
afrikanische Formen der Beschlußfassung und des Verhandelns (z.B.
Pallaver und Mbongi: 'Gespräche am Feuer') gebraucht werden können,
um zu einer spezifisch afrikanischen Gestalt der Demokratie zu gelangen. Ihre Hoffnung war, daß auf diesem Weg bestimmte gebrechliche
Seiten der liberalen und sozialen europäischen Demokratie vermieden
werden können. Diese sahen sie u.a. in dem rein zahlenmäßigen Verfah-
ren, durch das bei einer Abstimmung schließlich eine Entscheidung
herbeigeführt wird, oder in der Beschränkung der Demokratie auf das
äußerliche Funktionieren bestimmter staatlicher Einrichtungen.

Der afrikanische Sozialismus hat sich in der Praxis nicht bewährt (ebensowenig wie der "real existierende" europäische). Nur wenige Länder jenes Kontinents haben ausschließlich an der entsprechenden Staats- und Gesellschaftsform festgehalten (u.a. Moçambique und Äthiopien), bis auch in ihnen deren Zusammenbruch unausweichlich wurde. Und die Vorstellungen von einer afrikanischen Demokratie, die zu einer besseren Gestalt dieser Staatsform führen sollen, scheinen sich schon jetzt (nach wenigen Jahren) als abstrakt-utopisch zu erweisen. Aus europäischer Sicht sind wir leicht geneigt, die politischen Konzeptionen des afrikanischen Sozialismus und der afrikanischen Demokratie für allzu idealistisch zu halten. Aber es geht nicht so sehr um ein falsches Verhältnis zwischen Ideal und Wirklichkeit als darum, daß eine narrative Überhöhung der Wirklichkeit stattgefunden hat. Die politischen Prozesse des Kampfes um Unabhängigkeit und der Demokratisierung werden von einem traditionellen afrikanischen Erfahrungshorizont aus interpretiert. Dies führt zu bestimmten Geschichten über eigene Formen des Sozialismus und der Demokratie, die häufig auf eine tragische Art und Weise nicht auf die Tatsachen passen und zu Enttäuschungen führen.

Kann es sein, daß ein unpassendes Verhältnis zwischen erzählter Geschichte (narratio) und Wirklichkeit nicht nur von anderer Art ist als dasjenige zwischen Ideal und Wirklichkeit, sondern auch zu dessen Neubestimmung oder Modifikation einen Beitrag leisten kann? Einerseits läßt sich eine Geschichte, die man erzählt, leichter und eher auch schrittweise an die Wirklichkeit anpassen als ein Ideal. Und andererseits speist sich eine erzählte Geschichte in Afrika aus einer langen Geschichte, die stattgefunden hat, so daß auch ihre Verwirklichung in einem weiten Zukunftshorizont gesehen werden muß. Daraus ließe sich lernen, daß es im Blick auf Sozialismus und Demokratie in ihrer afrikanischen und von daher auch in ihrer europäischen Gestalt noch längst nicht aller Tage Abend ist. Was in Afrika gegenwärtig wirklich zählt, ist unabhängig von Idealen und Ideologien. Es geht um eine demokratische Minimalforderung, die aber für die afrikanischen Staaten lebensnotwendig ist, nämlich um "einen Mechanismus, welcher Macht an Rechenschaft binden und

einen Führungswechsel ohne Bürgerkrieg ermöglichen" soll.[105]
Die erwähnte Langzeitperspektive soll deshalb nicht die Hoffnung auf eine irgendwann doch noch erfolgende Verwirklichung des Ideals stärken, sondern erzählte und stattfindende Geschichten in ihrer wechselseitigen Verschränkung aufzeigen. Beide werden auch in Zukunft nicht ohne eine tragische Dimension und nicht ohne Enttäuschungen vor sich gehen. Diese können aber von einem solchen weit ausgreifenden und zugleich konkret bezogenen Interpretationszusammenhang aus erträglicher werden. Dies habe ich bei afrikanischen Kollegen beobachten können, die ich kenne und die zur Erklärung der aktuellen Geschehnisse stets auch an die afrikanische Geschichte zurückdenken, die mehr als 500 Jahre alt ist und vor den ersten Berührungen mit Europäern liegt.

### 3. Die philosophiegeschichtliche Notwendigkeit, *jetzt* interkulturell zu denken

Es geht nicht nur darum, daß die interkulturelle Philosophie als eine größere oder kleinere Spezialdisziplin der Philosophie anerkannt wird. Der philosophische Beitrag zur Neubestimmung des Verhältnisses der Kulturen zueinander entscheidet über den Status der heutigen Philosophie. Denn er betrifft eines der Kernprobleme unserer Zeit, von dessen Lösung die Ermöglichung menschlichen und menschenwürdigen Lebens wesentlich mit abhängt. Deshalb wird die Philosophie heute interkulturell sein, oder sie wird nichts anderes sein als eine akademische Beschäftigung ohne gesellschaftliche Relevanz. Diese Notwendigkeit, interkulturell zu philosophieren, läßt sich auch aus der Geschichte der Philosophie selbst herleiten. Dabei ist Notwendigkeit in keiner Weise deterministisch aufzufassen, als ob es irgendeinen Automatismus gäbe, der etwas befiehlt und auch zur Ausführung bringt. Ich benutze den sehr belasteten Begriff der geschichtlichen Notwendigkeit, um anzuzeigen, daß es sich

105 G. Brunold: *"Stammesprobleme?" Afrikanische Marginalien zur Geschichte gescheiterter Autoritarismen.* In: Merkur 47, H. 7 (1993) Nr. 532, S. 637.

hier nicht um eine persönliche Vorliebe oder ein intellektuelles Hobby handelt, sondern um eine Aufgabe, die sich aus der inneren Logik der Interpretation bestimmter Entwicklungslinien der neueren Philosophie ergibt.

Georg Wilhelm Friedrich Hegel war der erste, der in aller Deutlichkeit die Geschichte der europäisch-abendländischen Philosophie als ein Einheit gesehen hat: von Thales über Platon und Aristoteles, Plotin und Augustin, Thomas und Duns Scotus, Descartes und Spinoza, Locke und Hume bis zu Kant, Fichte, Schelling und sich selbst. In seiner eigenen Philosophie sollte dann die gesamte auf diese Weise umschriebene Tradition "aufgehoben" sein, das bedeutet: in ihren Wahrheitsmomenten erhalten und zusammengefaßt. Dabei wurde diese philosophische Tradition mit *der* Philosophie gleichgesetzt. Philosophie galt als eine ausschließlich europäische Angelegenheit. In China und Indien, Persien, Babylonien und Ägypten hat es Vorstufen der Philosophie gegeben, die dann in Griechenland beginnt. In einer Rezension von Wilhelm von Humboldts Erläuterungen zur "Bhagavad-Gita" aus dem Jahr 1826 spricht Hegel von der "indischen Weisheit" als einer "Quelle der Philosophie".[106] In allen übrigen Teilen der Welt aber sind die Bedingungen für das Entstehen von Philosophie nicht gegeben. Radikaler kann man einen eurozentrischen Standpunkt im Blick auf die Philosophie nicht formulieren.

Bekanntermaßen hat diese Konzeption der Geschichte der Philosophie ein politisches Äquivalent in Hegels Philosophie der Weltgeschichte. Diese findet nämlich auf demselben historischen Schauplatz statt wie die Philosophiegeschichte: von China und Indien über den vorderen Orient, Griechenland und das Römische Reich bis nach Mittel- und Westeuropa nördlich der Alpen. Geschichte im allgemeinen Sinn ist für Hegel Geschichte von Staaten, und sie vollzieht den "Fortschritt im Bewußtsein der Freiheit". Im Orient war einer frei, der despotische

---

106 G.W.F. Hegel: *Werke in zwanzig Bänden.* Hrsg. von E. Moldenhauer/K.M. Michel. Band 11: *Berliner Schriften. 1818-1831.* Frankfurt a.M. 1970, S. 131.

Herrscher, im Mittelmeerraum der antiken griechischen und römischen Staaten waren einige frei, die unabhängigen Bürger, und in Europa seit dem Mittelalter entstehen durch den konstitutionellen Staat die Voraussetzungen für die Freiheit aller, die auf dem allgemeinen Wahlrecht beruht und durch Gewaltenteilung institutionell gesichert ist. Damit ist das Ziel der Geschichte erreicht, das es nunmehr auszubauen und zu befestigen gilt.

Hegels Beurteilung der Geschichte der Philosophie ändert sich grundlegend bei Friedrich Nietzsche. Dabei ist es derselbe Geschichtszusammenhang von den Vorsokratikern bis in die eigene europäische Gegenwart, auf den sich Nietzsche richtet. Aber er sieht darin nicht eine aufsteigende Linie, die in der eigenen Gegenwart ihren Höhepunkt erreicht, sondern die "Geschichte eines Irrtums". Die alles zusammenfassende erklärende Formel der europäischen Geschichte ist nicht der Freiheitsbegriff, sondern die "Verachtung des Leibes" im "christlichen Platonismus". Die damit verbundene Ethik des Mitleids und der Nächstenliebe ist in Wahrhreit eine verkappte Herrschaft der Priester. Die Werte dieser Tradition haben zunehmend ihre Überzeugungskraft eingebüßt. Seit dem "Tod Gottes" beginnt ein Zeitalter des Nihilismus mit einem totalen Sinn- und Werteverlust. Dies ist indessen nicht das letzte Wort der Geschichte. Bei dem Durchgang durch den Nihilismus kommt es zu einer "Umwertung aller Werte", durch die der "Übermensch" erscheint und die den "Willen zur Macht", der das Leben der Menschen insgeheim immer bestimmt, offen anerkennt. Die Zeitstruktur dieser kommenden Epoche denkt Nietzsche im Gegenzug zur linearen Zeit der bisherigen europäischen Geschichte als die "ewige Wiederkehr des Gleichen".

Durch die Vermittlung seines philosophischen Lehrers Artur Schopenhauer, von dem er sich freilich schon früh wegen dessen pessimistischer Weltanschauung abgewandt hat, spielen bei Nietzsche Gedanken der östlichen Philosophie eine wichtige Rolle. Dies gilt insbesondere für seine Auffassung des Nichts, das nicht nur negativ ist, wie sie auch im Buddhismus vetreten wird. Der Begriff des Leidens, der mit einer Dissonanz im Aufbau der Welt als solchem zusammenhängt, hat seine

Wurzeln ebenfalls im fernöstlichen Denken. Dennoch bleibt der Ge-
schichtshorizont Nietzsches auf Europa begrenzt. Das kommende Zeitalter mit seinen neuen Wertschätzungen knüpft wieder an bei der tragischen Kultur des antiken Griechenland.

Auch Martin Heidegger geht weiterhin aus von einer Gleichset-
zung der Geschichte der Philosophie mit der Geschichte der europäischen Philosophie. In diesem Punkt bleibt er dem Erbe Hegels verhaftet.
Freilich beurteilt er diese Geschichte ganz anders als Hegel, und er ist
darin mit Nietzsche verwandt. Die europäische Philosophie von Thales
bis Hegel und vielleicht sogar bis Nietzsche beruht nach seiner Auffassung nicht auf einem Irrtum, sondern auf einem Vergessen. Die Philosophen fragen stets nur danach, wie das Seiende im ganzen von einem
höchsten Seienden aus zu verstehen ist, sei dies nun Platons höchste
Idee, das Göttliche des Aristoteles, der christliche Gott der mittelalterli-
chen Theologie und Philosophie oder das "Ich denke" des menschlichen
Subjekts seit Descartes. Dabei wird die Frage nach dem Sein selbst
vergessen. Heideggers Denken, das nicht nach dem Grund der Metaphysik fragt, sondern in diesen Grund einzudringen sucht, um ihn aufzu-
lockern und für neue Gebäude vorzubereiten, die darauf errichtet werden, führt ihn zu der Frage, die sich auch bereits bei Leibniz und bei
Schelling findet: "Warum ist überhaupt Seiendes und nicht vielmehr
Nichts?"

Das Sein ist nicht selbst ein Seiendes, es liegt diesem zugrunde,
ohne daß es sein Grund bzw. Ursprung im Sinne des metaphysischen
Denkens ist, genauer gesagt: es läßt Seiendes sein. Sofern es selbst nicht
Seiendes ist, kann es auch als Nichts bezeichnet werden. Die Überwindung der Seinsvergessenheit muß auch nach Heidegger durch den Nihilismus hindurchgehen. Nachdem das Deutungsschema, das von einem
höchsten Seienden ausgeht, sich erschöpft hat, entsteht eine Periode, in
der die Sinngebung scheitert. Dies ist zugleich eine Periode des technischen Machens und Herstellens, das ins Ungemessene wächst. Erst wenn
der Mensch lernt, sich selbst nicht mehr als Ausgangspunkt und Mittelpunkt des Seienden zu sehen, sondern als eine Instanz, die nur mitbe-

stimmt, was geschieht, in einem umfassenderen Kräfteverhältnis, wird
ein anderes Denken möglich. In diesem Letzten der europäischen Philosophiegeschichte kehrt ihr Einst zurück, das Denken der Vorsokratiker,
insbesondere dasjenige des Heraklit und des Anaximander. Dabei ist an
die Grundmotive dieser frühen Philosophen gedacht, daß der "Streit" der
"Vater aller Dinge" ist und daß Seiendes, indem es als endliches und
zeitliches existiert, Schuld auf sich lädt und dafür zur Buße verpflichtet
ist.

Heideggers eurozentrischer Grundauffassung zum Trotz hat sein
Denken große Aufnahme und Anerkennung im fernen Osten gefunden.
Es sind vor allem japanische und koreanische Philosophen, die Heideggers Denken studieren und die darin wichtige Übereinstimmungen mit
ihrer eigenen Tradition entdecken. Mit einigen dieser Kollegen hat Heidegger auch Briefe gewechselt und mit ihnen diskutiert. Dieser Dialog
mit Philosophen einer anderen Kultur, der von Heidegger nicht gewollt
oder jedenfalls nicht erwartet worden ist, bleibt für sein eigenes Denken
nicht ohne Folgen. Denn der am meisten schockierende Satz seiner Philosophie, der für das westliche Denken vielleicht auch der schwierigste
ist: "Das Sein und das Nichts ist dasselbe", wird von japanischen und
koreanischen Gesprächspartnern als eine selbstverständliche Wahrheit
ihrer Denktradition bestätigt.

Bei Jacques Derrida vollzieht sich schließlich der Durchbruch zur
interkulturellen Philosophie. Die Versuche, das Seiende im ganzen von
einem höchsten Seienden aus zu erfassen, die das europäische Denken
seit Parmenides und Platon maßgeblich bestimmen, kritisiert er mit
Heidegger als (falsche) Metaphysik. In der kritischen Destruktion von
Texten dieser Tradition macht Derrida aber zugleich etwas Positives,
Konstruktives deutlich. Anders gesagt: die dekonstrutive Arbeit geht
davon aus, daß die Geste der Kritik ein Positives voraussetzt, von dem
aus kritisiert wird, auch wenn dies als solches nicht oder noch nicht
benannt werden kann. Es erinnert auch an Adorno, wenn Derrida seine
Kritik an der Metaphysik zusammenfaßt als Dekonstrution des Iden-
titätsdenkens, das alle Verschiedenheit von einem identischen Ursprung

aus zu erklären sucht. An die Stelle dieses einen Ursprungs setzt er die "différance", einen anfänglichen und bleibenden Unterschied, der das Seiende überhaupt erst sein läßt, indem er es allenthalben durchzieht. Derridas Rousseau-Interpretation ist schon zur Sprache gekommen. In ihrem Zusammenhang wird deutlich, das der Anti-eurozentrismus eines Lévi-Strauß selber noch eurozentrisch ist, weil er den Phonozentrismus mitvollzieht, die höhere Einschätzung der gesprochenen Sprache gegenüber der Schrift, der sich bei der Beurteilung sogenannter schriftloser Kulturen in unauflösliche Widersprüche verstrickt. Demgegenüber sieht Derrida, der aus Algier stammt, als Araber und Jude eine Affinität zwischen der Dekonstruktion und der Dekolonisation. "Von daher ergibt sich die außerordentliche Schwierigkeit - theoretisch und praktisch-politisch: wie können wir mehr und anderes tun als umkehren und (also) wieder aneignen?"[107] Es gilt gerade zu vermeiden, was bei Rousseau im Blick auf die Aufklärung geschehen ist, nämlich durch das Motiv des Gegensatzes derselben Logik anzugehören wie das Entgegengesetzte.

Um so erstaunlicher ist es, daß die Logik der Supplemente, die in ihrer unendlichen Folge einen Ursprung wiederherzustellen suchen, den es niemals gegeben hat, die Derrida als Leitfaden seiner Rousseau-Deutung gebraucht, diesem Motiv des Gegensatzes ganz und gar nicht verhaftet bleibt. Im Fortgang der Geschichte sind von daher neue Zeitalter zu erwarten, in denen - mit Michel Foucault zu sprechen - veränderte Formen der Macht institutionalisiert werden, die jeweils bestimmte Formen der Gegenmacht hervorrufen. Die Annäherung an ein Ideal ist dabei ausgeschlosssen. Dennoch läßt sich als Kriterium im Sinne Rousseaus formulieren, daß dies verschiedene Realisierungen der Intention sind, das Leben "im Einklang mit der Natur" und in geschwisterlicher Nähe der Menschen zueinander einzurichten. Das bedeutet: auch wenn es einen solchen Zustand nie geben wird, müssen sich die verschiedenen Formen des Verhältnisses von Macht und Gegenmacht jeweils an diesem Kriterium messen lassen.

---

107 J. Derrida: *Du droit à la philosophie*. Paris 1990, S. 160.

Die Logik der Supplemente, wenn sie in dieser Weise gedacht wird, gehört mit der Logik der Dekonstruktion zusammen, die wiederum mit derjenigen der Dekolonisation verwandt ist. Das Kernproblem der gegenwärtigen Philosophie läßt sich dann als die Frage formulieren, welches Supplement notwendig ist, um menschliches Leben unter den Bedingungen einer interkulturell strukturierten Industriegesellschaft weiterhin möglich zu machen, wobei diese Möglichkeit weitgehend davon abhängig sein wird, daß es gelingt, die Vernichtung der natürlichen Umwelt aufzuhalten. Indem sich die Philosophie diesem Problem stellt, leistet sie einen Beitrag zur Überwindung der Krise, die theoretisch und praktisch-politisch besteht. Daß dieser Beitrag eine kritische Dimension hat, ergibt sich aus der Radikalität des philosophischen Fragens.

Wir haben oben gesehen, daß die Philosophie (zusammen mit der Kunst) eine Gegeninstanz zum Entwicklungsdenken sein kann, sofern sie dessen alles umfassenden Anspruch in Frage stellt. Es kann aber kein Zweifel darüber bestehen, daß das allumfassende Entwicklungsdenken eine Variante der Logik des Kapitals bezeichnet, die Marx in der Formel der "Selbstverwertung des Werts" zusammengefaßt hat. Deshalb gehört es zum Durchdenken der gegenwärtigen Krise, den "Glauben an das Kapital zu kritisieren, das seine Dogmatik in neuen noch unbekannten Formen wieder zur Geltung bringt". Der interkulturelle philosophische Dialog auf der Ebene völliger Gleichheit vollzieht auf diese Weise ein Sich-öffnen Europas für das, "was es nicht ist, niemals gewesen ist und niemals werden wird", ohne daß damit bereits gültige oder wirksame Alternativen zur kapitalistischen Logik oder Dogmatik angegeben sind.[108]

Worauf es nun ankommt, ist der tatsächliche Vollzug der interkulturellen Philosophie. Das heißt, den Philosophen fällt die Aufgabe zu, die einfache strukturlose Multikulturalität hinter sich zu lassen und das Wagnis des Zwischen auf sich zu nehmen. Nietzsche, Heidegger und auch noch Derrida richten sich mit ihren Unternehmungen auf ein nicht näher bestimmbares Später, das in der Geschichte Europas noch erwartet

---

108 Derrida: *L'autre cap.* Paris 1991, S. 98 f.

werden muß (Nietzsche), das durch die philosophische Denkarbeit in der heutigen Zeit nur vorbereitet werden kann (Heidegger) und dessen Elemente in der konstruktiven Seite der Dekonstruktion in die Gegenwart bereits hineinragen, aber als solche noch nicht erfaßbar sind (Derrida). Das andere Denken, das darin angestrebt wird, läßt sich womöglich nicht nur in einem Später finden, sondern auch in dem Zwischen des interkulturellen philosophischen Dialogs, wo sich neue und andere Dimensionen des Denkens begegnen. Was sich daraus ergibt, kann die Offenheit des Denkens befördern, verdeckte Bereiche im Eigenen sichtbar machen und auf jeden Fall seine Möglichkeiten erweitern.

Dabei soll noch einmal betont werden, daß es nicht um ein neues Spezialgebiet der Philosophie geht, sondern um eine neue Dimension des Philosophierens als solchen. Indem sich die Philosophie in das Zwischen der Interkulturalität begibt, kann sie dazu beitragen, daß das Später eines anderen Denkens, das aus dem Nihilismus herausführt, in größere Nähe gebracht wird. Auf diese Weise ist der bescheidene und zugleich notwendige Beitrag der entstehenden interkulturellen Philosophie zur Zukunftsbewältigung und damit zur Lebensermöglichung in seinen Umrissen deutlich gemacht.

Das Erbe Rousseaus, insbesondere die Logik der Supplemente, bedarf weiterer gründlicher Bearbeitung. Dieses Erbe ist indessen schon wichtig genug, wenn es "Zweifel an Europa" entstehen läßt und wach erhält, um eine Formulierung Ton Lemaires zun gebrauchen.[109] Dem Zweifler drängt sich freilich auch die Frage auf, die Lemaire im Untertitel seines Buches stellt: "Sind die Intellektuellen die Feinde der europäischen Kultur?" Diese Frage kehrt bei Derrida in etwas anderer Betonung wieder: "Es kann wohltuend sein, sich daran zu erinnern, ein europäischer Intellektueller zu sein, ohne es von Kopf bis Fuß sein zu wollen. Sich unter anderem europäisch zu fühlen - ist das mehr oder

---

109 T. Lemaire: *Twijfel aan Europa. Zijn de intellectuelen de vijanden van de Europese cultuur?* Baarn 1990.

weniger europäisch? Beides, ohne Zweifel."[110] Welche Konsequenzen
sind es, die man daraus ziehen soll, wenn es nicht die ist, sich in dem
philosophischen Zwischen zu situieren, wo die europäische Kultur eben-
soviel wert ist wie die anderen, mit denen sie im Gespräch ist.


### Beispiel: Weltzeit und Ethnozeit

Wenn es nunmehr darum geht, dieses Denken in einigen Schritten
beispielhaft auszuführen, ist dazu keine Frage besser geeignet als die
Frage nach der Zeit. Die Erörterung dieser Frage im interkulturellen
Horizont kann Unterschiede und Übereinstimmungen zwischen den
Kulturen in ausgezeichneter Weise deutlich machen. Dies soll hier,
freilich nur in einer sehr summarischen Art und Weise, gezeigt werden.
    In seiner dominanten Form läßt sich der westliche Zeitbegriff
umschreiben als der Versuch der Vergegenwärtigung. Seit Aristoteles
wird Zeit gedacht ausgehend vom Jetzt, dem Zeitpunkt der Gegenwart,
der die Zeit in Vergangenheit und Zukunft teilt. Die Vorstellung, die
diesem Zeitdenken zugrundeliegt, sind Bewegung und Veränderung, wie
sie in der Außenwelt der Natur stattfinden. Der Zeitverlauf ist meßbar,
indem jeweils gleiche Zeiteinheiten aneinander gereiht und gezählt werden. Auf diese Weise haben alle Zeitdimensionen dieselbe Substanz wie
die Gegenwart. Nachdem Kant diese Zeit (das zählbare Aneinanderrei-
hen gleicher Einheiten) als eine reine Form der Anschauung des Subjekts interpretiert hat, von der wir nicht wissen, ob sie den Dingen an
sich auch zukommt, kehrt Hegel zum Aristotelischen Zeitdenken zurück,
indem er die Zeit in seinem System am Anfang der Naturphilosophie
behandelt. Weiterhin steht das Jetzt der Gegenwart im Mittelpunkt, aus
dem Vergangenheit und Zukunft aufgebaut sind.
    Jacques Derrida hat auf das Aporetische dieses Zeitdenkens hin-

---

110 Derrida: *L'autre cap*, l.c.

gewiesen, indem er zeigt, daß das Jetzt sowohl für Aristoteles als auch
für Kant und Hegel ein Zeitpunkt ist, der selbst keine Zeit einnimmt
(seine Ausdehnung in der Zeit = 0) und insofern nicht(s) ist.[111] Das
Problem, das sich hinter dieser Aporie verbirgt, ist die Abstraktheit des
naturphilosophischen Zeitbegriffs. Das menschliche Erleben der Zeit ist
viel differenzierter und geht von inhaltlichen Bestimmungen der Zeit
aus. Für die Zeit, die aus gleichen Einheiten aufgebaut ist, macht es
nichts aus, ob es die Zeit des wachen Bewußtseins oder des schlafenden,
der Arbeit oder der Ruhe, des freudigen oder des ängstlichen Abwartens
ist. Sie läuft stets gleichmäßig weiter. Demgegenüber sucht Derrida die
Zeit der Dekonstruktion und der "différance" nicht ausschließlich als
Gegenwart zu denken. Der Zeitaspekt der "Logik des Supplements" und
des "Aufschubs" richtet sich nicht nur auf das Jetzt, sondern bewegt sich
mit dem Zeitstrom und seinen sich ändernden inhaltlichen Verhältnissen.
Das Jetzt ist nicht allein bestimmend und nicht immer dasselbe.

   Daß das westliche Zeitdenken sehr bestimmte gesellschaftliche
Konnotationen hat, wird vor allem von Jean-François Lyotard herausgestellt. Vergegenwärtigen durch Aneinanderreihung von Jetztpunkten, das
alle Zeitdimensionen einebnet, steht für ein Denken, das in gesellschaftlicher Hinsicht alle Unterschiede zu neutralisieren und auf diesem Weg
zu beherrschen sucht. Die Abstraktheit dieses Zeitbegriffs, die sich in
theoretischer Hinsicht als seine Schwäche erweist, ist in paktischer Hinsicht gerade seine Stärke. Die abstrakt gedachte zählbare Zeit führt zur
konkreten Totalisierung des Prinzips der Zählbarkeit. So entsteht eine
Weltzeit, die nicht nur in jedem Zeitpunkt, sondern auch an jedem Ort
dieselbe ist. Die gesellschaftlichen Kräfte, die diesem Zeitdenken entsprechen, sind: das wissenschaftlich-technische Dispositiv und, im Gebiet der Ökonomie, der Kapitalismus. In jüngster Zeit treibt das Neutralisieren und in gleiche Einheiten Einteilen, das zu gigantischen Akkumu-

---

111 Derrida: *Ousia et grammè. Note sur une note de 'Sein und Zeit'*.
In: Marges. De la philosophie. Paris 1972, S. 31-78.

lationen dieser Einheiten (Wissen, Informationen, Geld) führen kann, im Computerwesen ungeahnte Blüten.[112]

Lyotard denkt diese Totalisierung des Prinzips der Zählbarkeit als etwas so Umfassendes, daß die Weltzeit jede kulturell anders bestimmte Zeit (Ethnozeit) in sich aufsaugt. Obgleich er mit seiner Denkarbeit gegen das dominante westliche Zeitdenken Widerstand leisten will, betrachtet er die Ethnozeit nicht als Bundesgenossen. Es scheint mir jedoch auf der Hand zu liegen, hier einen Pakt zu schließen. Das traditionelle afrikanische Zeitdenken, das an dieser Stelle nur in seinen allgemeinen Umrissen behandelt werden kann, ist eher qualitativ als quantitativ bestimmt. Die Zeit wird auf sehr verschiedene Weisen gedacht, wobei die rhytmische Einteilung des Zeitstroms sehr wichtig ist. Säen und ernten, arbeiten und ruhen, die Götter verehren und Feste feiern dienen auch als konkrete Bestimmungen der Zeit. Es geht nicht darum, die Zeit zu beherrschen, sondern darum, in ihren sich verändernden Strömen jeweils einen vorläufigen Ort einzunehmen. Der Mensch befindet sich in seiner Lebensgeschichte jeweils an einen Kreuzungspunkt von Ort und Zeit. Auf diese Weise nimmt der Mensch im Naturgeschehen seinen spezifischen Platz ein.[113]

Daß der westliche Zeitbegriff in sich widersprüchlich ist, zeigt sich sehr prägnant in Derridas Hegeldeutung. Derrida stellt heraus, daß

---

112 J.-F. Lyotard: *Le temps, aujourdhui.* In: L'inhumain. Causeries sur le temps. Paris 1988. Zitiert nach der niederländischen Ausgabe: *Het onmenselijke.* Übers. F. van Peperstraten/H. van der Waal. Baarn. 1992 S. 67-92.

113 A. Kagame: *Das lokalisierende Existierende = Ort,Zeit.* In: Sprache und Sein. Die Ontologie der Bantu Zentralafrikas. Brazzaville/Heidelberg 1985, S. 135-153; J.A.A. Ayoade: *Time in Yoruba thought.* In: African philosophy. An introduction. Hrsg. von K.W. Wright. Washington 1979, 2. Aufl., S. 71-89; F. N'Sougan Agblémagnon: *Du 'temps' dans la culture 'Ewe'.* In: Présence Africaine. Bd 14/15. Paris 1957, S. 222-232; P. Erny: *La perception de l'espace et du temps dans l'Afrique noire traditionnelle.* In: Revue de psychologie des peuples 25 (1970), S. 67-77.

nach Hegel die Zeit "getilgt" werden kann.[114] Lyotard drückt diesen Sachverhalt so aus, daß, wie schon Leibniz gezeigt hat, Zeit als Vergegenwärtigen nur gedacht werden kann als das Entgegengesetzte der Ewigkeit, in der immer schon alle Jetztpunkte in einem Jetzt vereinigt sind. Diese Zeit, die sich ihrem Wesen nach auf ihre eigene Tilgung (Annulierung) zu bewegt, muß nach Lyotard alles tun, um sich selbst zu verlängern (prolongieren), letztendlich im Gegenzug gegen das Gesetz der negativen Entropie. Ohne den Menschen - wie in der Tradition des westlichen Denkens - zum Maßstab aller Dinge machen zu wollen, beurteilt Lyotard diese Zeitperspektive als zutiefst unmenschlich. Denn in dieser Perspektive, die alles neutralisiert und in sich aufsaugt, geben die Geschehnisse, die den Menschen überkommen und die durch ihn hindurch stattfinden, keinen Anlaß mehr zu Freude oder Leiden. Seine Stellung (sein Platz) in diesem Geschehen bleibt inhaltlich unbestimmt.[115]

Aber was kann das afrikanische Zeitdenken gegenüber den Widersprüchlichkeiten des westlichen Zeitbegriffs bedeuten? Auf dem politischen und gesellschaftlichen Gebiet erweist sich die Ohnmacht des afrikanischen Denkens und Handelns gegenüber dem Westen. Der afrikanische Kontinent ist gezeichnet von politischer Instabilität, wirtschaftlichen Fehlschlägen, Massenarmut und Hungersnöten. Das ist zweifellos großenteils eine Folge der kolonialen und nachkolonialen Politik der westlichen Länder.[116] Aber darin drückt sich auch das verschiedene Zeitdenken aus. Inmitten alles Leidens und aller Fehlschläge findet nämlich auch so etwas statt wie eine Afrikanisierung des westlichen Zeitdenkens in Afrika. Dieses Geschehen wird für den internationalen philosophischen Diskurs und für den Begriff der entstehenden Weltzeit nicht ohne

---

114 Derrida: *Glas*. Paris 1974, S. 252-258 (linke Spalte).

115 Lyotard, l.c., S. 17-37.

116 Der nigerianische Philosoph Ch. B. Okolo, der seit vielen Jahren vor allem auf den Gebieten der politischen und Sozialphilosophie arbeitet, spricht in seinem neuesten Buch: *African social and political thought*. Nsukka 1993 von einem "neo-colonial predicament" (S.105-115).

Bedeutung sein. Vom afrikanischen Zeitdenken aus kann die Kluft zwischen Zeitbewußtsein und Zeitbegriff in der westlichen Welt besser sichtbar gemacht werden. Denn wir wissen durchaus, daß der Unterschied zwischen Tag und Nacht, der Wechsel der Jahreszeiten, die inhaltliche Bestimmung der Zeit durch Arbeit oder Spiel und die Zugehörigkeit zu einer bestimmten Altersstufe auf unser Zeiterleben großen Einfluß haben, aber wir denken diesen Einfluß nicht. Unser Zeitbegriff ist auch in dieser Hinsicht abstrakt, losgelöst vom Zeiterleben.

Innerhalb der westlichen Philosophie sind indessen ebenfalls Ansatzpunkte gegeben, um die fatale Abstraktheit des Zeitbegriffs zu überwinden. Martin Heidegger war der erste, der das Zeitdenken nach Aristoteles von der Naturphilosophie gelöst und die Sprachphilosophie als Ausgangspunkt genommen hat.[117] Lyotard denkt in dieser Richtung weiter, wenn er sich gegen die "Hegemonie des erkenntnistheoretischen Diskurses", das Vorherrschen des "pragmatischen und des Vernetzungsaspekts" wendet und statdessen stärker den "'poetischen' Aspekt" des Zeitdenkens zur Geltung bringen will.[118] Diese Verschiebung kann aber nur gelingen, wenn das Sein der Zeit von der Sprache her gedacht wird.

Durch seinen subjektiven Widerstand kann ein Denker indessen niemals etwas erreichen gegen die objektiven Tendenzen, die heute im Universalwerden der Berechenbarkeit und der Beherrschbarkeit gelegen sind. Lyotard hat dabei selbst den Eindruck, daß in dieser Hinsicht seine "Hoffnung zu dialektisch" ist, um "ernstgenommen werden zu können".[119] Bei dem Ausgangspunkt von der Sprache liegt das anders. Denn die Sprache wird nicht von den einzelnen Menschen gemacht. Sie besteht schon, bevor der einzelne zu sprechen beginnt. Andererseits ist sie nicht, ohne daß sie von Menschen gesprochen wird. Sprache ist nur, sofern ihr "objektives" Vorgegebensein und dessen "subjektives" Übernommenwerden zusammenkommen. Dies gilt auch - undzwar a fortiori -

---

117 M. Heidegger: *Sein und Zeit*. Tübingen 1953. 7. Aufl., S. 334-372, bes. S. 349f.

118 Lyotard, l.c., S. 82.

119 Ebenda, S. 66.

von der Zeit.

Ein solches Zeitdenken, wie es in der westlichen Philosophie aufzukommen scheint, zeigt eine Offenheit für den afrikanischen Zeitbegriff an, die weiter geht als die Affinität zwischen Dekonstruktion und Dekolonisation, von der Derrida spricht.[120] Für die westliche Kultur und das zugehörige Zeitdenken erhebt sich die Frage der Selbstbescheidung, die darin besteht, nicht mehr zu wollen als was den Kern des afrikanischen Zeitbegriffs ausmacht und wohin der Zeitbegriff der Dekonstruktion und der "différance" unterwegs ist: In sich verändernden Strömen einen vorläufigen Platz einnehmen. Denn wer die Welt und die Zeit beherrschen will, wird sie verlieren. Was weniger zu sein scheint: seinen spezifischen Platz im Naturgeschehen einnehmen und sich so im Sein erhalten, erweist sich als mehr. Die Zeit wird nicht zurückgebracht auf das Streben nach ihrer quantitativen Verlängerung. Sie bleibt was sie ist als eine immer auch inhaltlich bestimmte Größe. Wenn das Streben aber nicht mehr auf Beherrschung der Welt und der Zeit und darin auf Selbstverlängerung ihres rein quantitativen Aspekts gerichtet ist, kann die Zeit wieder mehr die Zeit sein. Anders gesagt: ein Dialog mit dem afrikanischen Denken kann uns dazu bringen, daß wir die Zeit wieder mehr sein lassen, was sie ist. Daß sich in dieser Möglichkeit die Aufgabe zusammenfassen läßt, vor der die Menschheit heute steht, damit ihr Einswerden nicht strukturlos und ohne inhaltliches Ziel geschieht, sondern als interkulturelle Auseinandersetzung, ist in einer Formel zusammengefaßt, die von Paul Celan stammt, einem Dichter, der in dem äußerst spannungsvollen Zwischen der rumänischen, deutschen und französischen Kultur gelebt hat:
"Es ist Zeit, daß es Zeit wird
Es ist Zeit."[121]

---

120 Derrida: *Du droit à la philosophie*, l.c. (Anm. 106).

121 P. Celan: *Gedichten. Keuze uit zijn werk.* Zweisprachige (deutsch-niederländische) Ausgabe. Baarn 1988, S. 36.

# Verallgemeinerungsschritt 3

## Universale Erkenntnis a posteriori
*Das Universum und die Menschenrechte*

Das Universum ist niemals dasselbe. Es befindet sich in ständiger rasanter Veränderung, auf allen Niveaus, zu allen Zeiten. Auf diese Weise wird man schnell zu der Folgerung gelangen: das einzig Universale im gesamten Universum ist, daß es nichts Universales gibt. Angesichts dieser unerhabenen Veränderlichkeit des Universums regt sich indessen "des Geistes tapfere Gegenwehr". Wenn wir Veränderung denken, denken wir auch Identität, Sichselbstgleichsein oder besser gesagt Sichselbstgleichbleiben. Veränderung ist nicht nur undenkbar, sie wäre auch überhaupt nicht als solche wahrnehmbar, ohne daß etwas sich selbst gleich bleibt. Die Frage ist jedoch: wo treffen wir dieses Sichselbstgleichbleiben an? Läßt sich etwas sagen über seine allgemeine Gestalt? Der "gestirnte Himmel über uns", der von Aristoteles bis Kant hierfür in erster Linie angeführt worden ist, scheidet nunmehr aus. Die moderne Astrophysik hat uns gelehrt: die "ewigen Gesetze" der Himmelsmechanik sind nur ewig für die kurzsichtige Perspektive anthropozentrisch denkender Betrachter. Wer etwas weiter blickt, sieht die Veränderungen der Erde als Himmelskörper von ihrem Entstehen bis zur Gefährdung ihres Fortbestehens durch atomare Technologie. Ebenso haben das eigene Sonnensystem und die ungezählten anderen Fixterne und Kometen ihre Entstehungsgeschichte und ihre Veränderungen durchlaufen bis zu diesem Augenblick. Und sie tragen die Bedingungen ihres Untergangs in sich. Dabei denke ich an den zweiten Grundsatz der Thermodynamik und an andere noch aktuellere Theorien. Die Perspektive eines schließlich unvermeidlichen Kältetods, das "schwarze Loch" eines absoluten Weltendes tun sich auf.

Universalität ist also zeitlich und räumlich begrenzt. Das Sichselbstgleichbleiben hat einen Anfang und ein Ende. Es ist der ständige Gegenpol der Veränderung, der aber mit dieser seine Gestalt wechselt

und womöglich irgendwann verschwindet. Die universalistische Fragestellung wird somit prinzipiell eingeschränkt. Man wird sich auf das
Problem beschränken müssen: wo finden wir die im Verhältnis längsten
Perioden des Sichselbstgleichbleibens, bevor wir als menschliche Betrachter darin Veränderungen entdecken? Hier werden die Gesetze der
Himmelsmechanik an ihre frühere erhabene Stelle im menschlichen
Denken zurückversetzt. Verglichen mit den winzigen Fristen "subluna-
rer" Prozesse besitzen sie eine relative Universalität. Für uns ist vor
allem wichtig, das methodische Ergebnis der modernen Kosmogonien
festzuhalten: die Verhältnismäßigkeit aller Universalität.

        Nach Kant gibt es einen zweiten Kandidaten für die Erhabenheit
des Universalen. Nicht nur "der gestirnte Himmel über uns", sondern
auch und stärker noch "das moralische Gesetz in uns". Der Universalismus hat auch eine menschliche Seite. Er sucht zu zeigen, was immer so
ist, seit und solange es Menschen gibt. Diese Art des Universalismus
wird diskutiert als die Frage nach anthropologischen Konstanten. Auch
wenn wir eingedenk der Verhältnismäßigkeit alles scheinbar Universalen
nicht sagen können, was immer so ist, können wir doch eine Behauptung
darüber wagen, was immer so sein soll, seit und solange es Menschen
gibt. Wie stark ist dieser ethische Universalismus? Besitzen wir in ihm
ein Unterpfand der unveränderlichen apriorischen Vernunft? Oder bricht
auch hier die Relativität unaufhaltsam ins Denken ein?

        Inhaltlich sind universale ethische Maximen umschrieben in den
Katalogen der Menschenrechte, die seit der Französischen Revolution
von 1789 ständig erweitert und vertieft werden. Die Umschreibung als
Menschenrechte ist zwar nicht für alle Kulturen annehmbar. Für die
Anhänger des Islam zum Beispiel ist es eine Gotteslästerung, daß die
Menschen aus sich heraus auf bestimmte Rechte Anspruch erheben.
Aber was in den Menschenrechten inhaltlich den Menschen zugeschrie-
ben und von ihnen verlangt wird, etwa ihre Würde, die nicht angetastet
werden darf, gilt universal. Wie ist dieser Universalismus zu begründen?

        Zunächst einmal müssen wir sehen: Für den ethischen Universalis-
mus gibt es keine empirische Basis. Es ist nicht überall und zu allen

Zeiten in der Menschheitsgeschichte so gewesen, daß die Würde der Menschen und ihre Gleichheit, freie Religionsausübung und Meinungsäußerung, das Recht, sich auf sein Gewissen zu berufen (um nur einige Beispiele zu nennen) garantiert und respektiert worden sind. Auch seit ihrer ersten Proklamation ist die Geschichte der Menschenrechte eine Geschichte ihrer Verletzungen und ihrer Schändungen. Was Kafka und mit ihm Derrida über Recht und Gesetz sagen, gilt a fortiori von den Menschenrechten: wir befinden uns immer *vor* ihnen. Daß sie jemals verwirklicht werden, entzieht sich immer wieder den menschlichen Handlungsmöglichkeiten. Was wir empirisch konstatieren können, ist allenfalls die unendliche Kette der verschiedenen Versuche, sie zu realisieren. Indessen ist Derrida durchaus zuzustimmen: nicht trotzdem, sondern gerade deshalb urteilen wir im Blick auf dieses Recht. Jeder will oder muß wollen können, daß seine Würde und Gleichheit, seine Religion und Meinung, sein Gewissen usw. respektiert werden. Wo das nicht der Fall ist, kann die betreffende Instanz, sei dies nun ein Staat, eine gesellschaftliche Institution oder ein einzelner, vor dem Forum der Weltöffentlichkeit verurteilt werden. Wir kennen verschiedene Tribunale, die solche Verurteilungen ausgesprochen haben. Regelmäßig werden auch entsprechende Berichte von "Amnesty international" in der Weltpresse veröffentlicht.

Sind die Menschenrechte also in ihren inhaltlichen Aussagen apriorisch begründet? Woraus leitet sich sonst ihr universaler Anspruch ab? Die Formulierung dieser Rechte und damit die Möglichkeit, sich darauf zu berufen, ist historisch erst spät hervorgetreten. Dies hat sich mit ihrer Proklamation in der Französischen Revolution im Rahmen der europäischen Überlieferung ereignet. Ihre Übernahme und Weiterbildung in den Vereinigten Staaten von Amerika bleibt innerhalb desselben Kulturkreises, obgleich sich hier schon zeigt, daß die Erklärung der Menschenrechte durch das gesprochene und geschriebene Wort mit der gigantischen Unmenschlichkeit des Völkermordes in der Praxis zusammengehen kann, ohne daß sie ihre moralische Verbindlichkeit verlieren. In neuerer Zeit ist die universale Gültigkeit dieser Rechte verdeutlicht worden, indem sie von den Vereinten Nationen und anderen weltweiten Organisationen anerkannt worden sind. Rückblickend kann man nun in vielen verschiedenen Kulturen das Bestehen einzelner Rechte aus diesen Katalogen wiederfinden. Freilich findet man auch überall unzählige Beispiele ihres Nicht-Bestehens oder ihrer Nicht-Beachtung.

Ich bin kein Kenner dieser Geschichte. Worauf es mir ankommt, ist die Tatsache, daß der ethische Universalismus, wie er in den Menschenrechten zum Ausdruck kommt, unter historischen Bedingungen steht. Er ist seiner Entstehung nach kein reines Apriori: Nachdem die Möglichkeit dazu einmal ins Blickfeld der Menschheit getreten ist, scheint es indessen logisch zwingend zu sein, daß jeder, der für sich Anerkennung seiner Würde und Gleichheit verlangt, diese auch anderen zugestehen muß. Ihre universale Gültigkeit beruht nicht so sehr darauf, daß die Menschenrechte als Faktum in der Vernunft und mit der Vernunft gegeben sind, sondern vielmehr darauf, daß es zu einem unerträglichen Widerspruch im Denken führt, für sich Würde, Gleichheit u.dgl. zu wollen, ohne sie zugleich allen anderen zu gewähren. Die Begriffe der Würde und der Gleichheit würden ausgehöhlt, würden sie für eine Person oder Gruppe gelten, etwa die eigene, für andere aber nicht. Diese Begriffe zu denken, bedeutet, ihre Allgemeinheit anzuerkennen. In dieser Hinsicht können wir der Argumentation Kants durchaus folgen. Innerhalb seines Argumentationshorizontes läßt sich auch noch sagen, daß die praktische Verbindlichkeit sich nicht aus einer formallogischen Notwendigkeit ableitet, sondern aus einer Akzeptanz, die andere Gründe haben muß.

An dieser Stelle überzeugt es nicht zu sagen, daß die Menschen gerade auch in praktischer Hinsicht an der Vernunft teilhaben und deshalb auf das Vernünftige einer denknotwendigen Praxis zu verpflichten sind. "Nach Auschwitz" überzeugt uns dies nicht mehr, uns, die wir den 2. Weltkrieg miterlebt haben oder seine Erbschaft mittragen müssen. Die Begriffe der Würde, Gleichheit, Menschlichkeit sind durch diese Praxis definitiv ausgehöhlt, so daß sie als Begriffe ihre verpflichtende Kraft eingebüßt haben. Mit Millionen menschlichen Leibern ist in Auschwitz und anderswo das Apriori der Verbindlichkeit dieser Begriffe im giftigen Gas erstickt. Nichtsdestoweniger oder gerade deswegen hat die Menschenrechtsdebatte nach dem 2. Weltkrieg einen neuen Impuls erfahren. Als Reaktion auf Unmenschlichkeit und Massenmord wuchs das Bedürfnis in der Welt, sich selbst und andere auf die Einhaltung der Menschenrechte zu verpflichten.

Wenn dies nicht ein weltweites Beruhigungs- und Selbsttäuschungsmanöver ist, müssen wir für die gesteigerte Akzeptanz der Gültigkeit der Menschenrechte angesichts ihrer millionenfachen Mißachtung weiterhin nach Gründen fragen. Nachdem die apriorische Begründung des ethischen Universalismus, der sich in ihnen ausdrückt, für immer diskreditiert ist, bleibt also nur ein Universalismus a posteriori: Um ihn zu erläutern, werde ich den Argumentationshorizont Kants mit demjenigen Nietzsches vertauschen. Dies kann in der Kürze des hier geführten Diskurses nicht anders als abrupt geschehen.

Zunächst verweise ich auf folgende historische Tatsache. Es hat schon einmal in der Geschichte der Menschheit ein universales Gesetz gegeben, das in allen bekannten Kulturen gegolten hat und noch heute gilt. Ich meine das Inzestverbot. Die Hypothese wird erlaubt sein, daß die Kulturen, die diesem Verbot Gültigkeit verschafft haben, besser und auf die Dauer überhaupt überleben konnten im Vergleich zu und im Kampf mit Kulturen, in denen dies nicht der Fall (gewesen) ist. So zeigt sich im nachhinein seine Universalität. Und zwar zeigt sie sich im Forschungsprozeß der Kulturanthropologie. Es wird nicht viele bis heute unerforschte Ethnien geben, die diese Hypothese falsifizieren könnten.

Beides ist wahr, daß es das Inzestverbot immer und überall in der menschlichen Geschichte gegeben hat und gibt, wie auch, daß es immer und überall übertreten worden ist und wird. Daraus läßt sich sogleich eine zweite universale Gegebenheit ablesen, die ebenso zu den Überlebensbedingungen menschlicher Gemeinschaften gehört. Was das Leben einer Gemeinschaft möglich macht oder umgekehrt ausgedrückt: die Gefährdung seines Fortbestandes abwendet, wird in die Form von Gesetzen gefaßt. Es ist die ungeheure Stärke eines Gesetzes, daß es eingehalten und auch übertreten werden kann. Die hierfür bestellten Vertreter der Gemeinschaft können durch das Gewicht der Sanktionen, die Gesetzesübertretungen zur Folge haben, die jeweils gegebene Relevanz des betreffenden Gesetzes bestimmen. Letzten Endes sind sie dabei auf die Zustimmung der Gemeinschaft selbst mit ihrer Gestzesanwendung angewiesen. Auf diese Weise kann eine jede menschliche Gemeinschaft ihren Überlebensprozeß selbst sichern und selbst steuern. Das gilt universal, weil eine Gemeinschaft, die sich nicht an diese Struktur hält oder hielte, ihre eigenen Überlebensmöglichkeiten im Verhältnis so sehr verschlechterte, daß sie untergehen müßte.

Es wird schwierig sein, neben dem Inzestverbot andere universal gültige Gesetze inhaltlich anzugeben. Es liegt nahe, daß in irgendeiner Form Mord an Mitgliedern der eigenen Gemeinschaft *ver*boten und Schutz von Schwächeren *ge*boten sein wird. Aber dies kann in seinen inhaltlichen Bestimmungen bei verschiedenen Kulturen und zu verschiedenen Zeiten stark variieren. Erfahren wir nicht zur Zeit in Europa und Nordamerika, daß ein so weit verbreitetes und lange Zeit hindurch gültiges Gebot, wie dasjenige, die Eltern und damit auch die Älteren zu ehren, viel von seiner Verbindlichkeit einbüßt, weil seine allgemeine Einhaltung nicht mehr Bedingung der Lebenssicherung im (eigenen) Alter ist? Deshalb wird es dabei bleiben müssen, daß mit und neben dem Inzestverbot nur die Form des Gesetzes für menschliche Gemeinschaften und ihr Überleben konstitutiv und deshalb innerhalb der Menschheitsgeschichte universal ist.

Die intellektuelle Redlichkeit, die seit Max Weber für einen kulturwissenschaftlichen Diskurs verbindlich ist, verlangt an dieser Stelle, daß ich ausdrücklich sage, was den meisten Lesern nicht entgangen sein wird. Diese Überlegungen verdanken sich nicht nur dem Denken Nietzsches, sondern auch seiner kulturgeschichtlichen Weiterentwicklung durch Georges Bataille. Dabei hat Bataille erstens bereits 1933 die "psychologische Struktur des Faschismus" treffend analysiert und seitdem Entscheidendes zum Verständnis fremder Kulturen beigetragen, zweitens aber auch die elementare Bedeutung der Ökonomie für die

Lebensermöglichung der Weltgesellschaft seit dem Beginn des 19. Jahrhunderts erkannt. Das Prinzip der Selbstverwertung des Werts *ermöglicht* nicht nur das Leben der kapitalistischen Gesellschaften, es führt auch zu einer Lebens*steigerung*. Mit dem "Reichtum der Nationen" (A. Smith) wachsen ihre wissenschaftlichen und technischen Möglichkeiten. Die Güterproduktion und die Weltbevölkerung vermehren sich ins Unermeßliche. Jeder will am Wohlstand teilhaben und jeder ist dazu prinzipiell in der Lage, weil der Weltmarkt auch die letzten Winkel des Erdballs erreicht. Es ist nicht nur mutig, sondern zeugt auch von einer prophetischen Gabe, wenn Bataille dem univeralen Immer-mehr-haben-wollen eine Ökonomie der Verschwendung (dépense) entgegensetzt.

Der europäische Lebensstil, die Gewährung der Freiheit für alle einzelnen in und durch die Institutionen des Staates, der sich selbst - am deutlichsten in der Philosophie Hegels - einen abstrakten Universalismus zugemessen hat, wird im nachhinein konkret-menschheitlich universal, sofern er durch das Vehikel der kapitalistischen Produktion und Konsumtion über die gesamte Erde expandiert und alle Teile der Menschheit durchdringt. Dieser Prozeß ist nicht abgeschlossen, scheint aber in seinem Fortschreiten unaufhaltsam zu sein. Zur parlamentarischen Demokratie und kapitalistischen Ökonomie gibt es weltweit keine Alternative mehr. Die Menschenrechte bilden das ideologische Pendant dieser ökonomischen Entwicklung. Daraus leitet sich ihr Universalitätsanspruch ab. Ideologie ist indessen nicht im Marxschen Sinn als sekundär, als bloßes Epiphänomen aufgefaßt. Ihr *kann* im Gesamtgeschehen nicht nur eine zeitweise aktive, sondern auch eine letztlich entscheidende Bedeutung zukommen.

Mit den immer schneller wachsenden Bedingungen der Lebenssteigerung wächst aber auch eine spezifische Gefahr. Aus ökologischen Gründen ist mit Nachdruck auf die "Grenzen des Wachstums" hingewiesen. Die sich nicht erneuernden Rohstoffquellen werden weiter umgehemmt ausgebeutet. Der Verschmutzung der Atmosphäre und des Wassers sowie der Belastung des Bodens durch Giftstoffe wird nicht wirkungsvoll Einhalt geboten. Obgleich die Risiken der atomaren Energie nach wie vor nicht beherrschbar sind, wird deren Erzeugung und Gebrauch weiterhin ausgebaut. Das rasante Anwachsen der Weltbevölkerung fungiert einerseits als eine Rechtfertigung für die ungehemmte Fortsetzung der Wachstumsökonomie und des Wachstumsdenkens. Andererseits ist dies auch ein deutliches Symptom dafür, daß der Mensch das natürliche Gleichgewicht unwiderbringlich zerstört. Gleicht dies alles nicht in der Tat dem "Lauf der Lemminge", die sich aufgrund einer Fehlsteuerung ihrer Instinkte selbst ins Verderben stürzen? Ein radikales Umdenken scheint die Vorbedingung zu sein, um diese Gefahr abzuwenden.

Können die Menschenrechte in diesem Prozeß eine Funktion bekommen? Damit dies denkbar wird, sind zwei Bedingungen zu erfüllen. Erstens darf es nicht allein um individuelle Menschenrechte gehen. In einer zerstörten natürlichen Umgebung sind Würde und Gleichheit auch nichts mehr wert. Deshalb gehört eine intakte Umwelt zu den unveräußerlichen Rechten des Menschen. Und zweitens ist es notwendig, daß diese Rechte juristisch gültige Gesetze sind, deren Nicht-Beachtung bestimmte Sanktionen nach sich zieht. Nur wenn es um wirkliche Rechte geht, die die Form des Gesetzes haben, können die Menschenrechte in der heutigen die gesamte Menschheit betreffenden Situation an entscheidender Stelle zu einem Steuerungsinstrument werden, um das Überleben der Menschheit möglich zu machen.[122]

---

122 Zur Unterstützung dieser Erwartung sei gesagt, daß die Menschenrechte im *Grundgesetz* der Bundesrepublik Deutschland zu geltendem Recht gemacht worden sind, um Ereignisse wie die Machtergreifung Hitlers mit allen ihren Folgen, die innerhalb der rechtlichen Bedingungen der *Verfassung* des damaligen Deutschen Reiches möglich war, in Zukunft zu vermeiden. Diese Maßnahme hat - bis heute - für die Bundesrepublik Deutschland im Hinblick auf die Einhaltung der Menschenrechte günstigere Bedingungen geschaffen. Da es eher unwahrscheinlich ist, daß es in absehbarer Zeit zu einer für die ganze Welt verbindlichen rechtlichen Instanz kommen wird, muß das Bemühen darauf gerichtet sind, die Menschenrechte in den grundgesetzlichen Bestimmungen möglichst aller Staaten zu verankern.

# Zwischenbetrachtungen

## 1. Nicht-Afrikaner über afrikanische Philosophie
### Schritte zu einem schwierigen Dialog

Nachdem ich in Ost- und Westafrika einige Reisen unternommen und die Philosophie-Abteilungen von Universitäten in Kenia, Tansania (wo noch immer kein eigenes 'Department of Philosophy' besteht), Ghana, Benin und Nigeria besucht hatte, habe ich ein Buch über die Situation der Philosophie in Afrika (südlich der Sahara) geschrieben (PhiA I). Es kann kein Zweifel darüber bestehen, daß dies zu schwierigen Verallgemeinerungen geführt hat. Die empirische Basis, um über einen so riesigen Kontinent zu sprechen, war ziemlich schmal.[123] Eine andere Schwierigkeit war, daß die Länder, in denen nicht Englisch die Umgangssprache ist, zu wenig repräsentiert waren. Weitere Schwierigkeiten bestanden und bestehen auf methodologischem Gebiet. Wie kann man als Nicht-Afrikaner über afrikanische Philosophie sprechen? Ist es möglich, von den eigenen Voraussetzungen so weit abzusehen, daß man wahrnehmen und mitteilen kann, was für Afrikaner die wichtigen Fragen sind? Und schließlich kann man die Frage stellen, ob es nicht besser wäre, die Afrikaner für sich selbst sprechen zu lassen, weil afrikanische Philosophie in einer angemessenen Weise nur von Afrikanern erklärt werden kann.

Alle diese Schwierigkeiten standen mir deutlich vor Augen, als ich mit dem ganzen Unternehmen begann. Deshalb habe ich einige Entscheidungen getroffen, die mir helfen sollten, diese zu überwinden. Erstens beschloß ich, eine lange Zeit nur zu hören, bevor ich sagen

---

123 Eine umfassendere Informationsquelle, die mir zunächst noch nicht bekannt war, die aber inzwischen (das gilt auch bereits für meine Reisen von 1988/89) nicht mehr den aktuellen Stand widergibt, ist der Band *Teaching and research in Philosophy: Africa* (Paris 1984), der im Auftrag der UNESCO von den zu dieser Zeit bedeutendsten afrikanischen Philosophen geschrieben worden ist.

würde, daß ich etwas verstanden hätte oder in der Lage sein würde, dies an andere weiterzugeben. Zweitens wählte ich die Methode des Dialogs, undzwar in einem bestimmten Sinn dieses Wortes. Ich versuchte nicht, von eigenen Fragen abzusehen, die in mir aufkamen, als ich begann, afrikanische Philosophie zu studieren. Im Gegenteil: ich versuchte, so deutlich wie möglich zu formulieren, welche Fragen dies waren: Passen sich die afrikanischen Philosophen nicht zu sehr westlichen Maßstäben an? Ist ihre Wertschätzung der analytischen und der systematischen Philosophie nicht einseitig an bestimmten Hauptströmungen innerhalb der westlichen Philosophie orientiert? Wie können die spezifischen Bedingungen der mündlichen Überlieferung von Weisheitslehren in der heutigen afrikanischen Philosophie berücksichtigt und zur Geltung gebracht werden? Ist es nicht notwendig, genauer und differenzierter zu bestimmen, was Ethnophilosophie bedeutet und was sie nicht bedeutet? Und so weiter!

Drittens beschloß ich, nicht einen zusammenhängenden Diskurs über mein Thema zu entwickeln, sondern verschiedene Stile zu benutzen. Hierdurch beabsichtigte ich, offen zu sein und zugleich etwas von dem Klima des Philosophierens und von der Umgebung, in der es stattfindet, auszudrücken. Der Dialog (in dem unter zweitens genannten Sinn) war und ist nicht darauf gerichtet, zu einem so weit wie möglich universalen Verständnis zu kommen. Die Grundannahme ist vielmehr, daß Philosophie nicht überall in der Welt dieselbe sein muß. Verschiedene Kulturen bringen verschiedene Arten von Philosophie hervor. Das Ziel kann deshalb nur sein herauszufinden, was westliche und afrikanische Philosophien gemeinsam haben und worin sie verschieden sind und verschieden bleiben. Die universalen Züge beruhen darauf, daß beide 'Philosophien' sind, Resultate eines mehr oder weniger reinen Denkens, und darauf, daß faktisch relativ universale Lebensbedingungen in allen Kulturen im Entstehen sind. Das bedeutet, daß interkulturelle Philosophie, wie ich ihr Gestalt zu geben versuche, jenseits des Gegensatzes von Universalismus und Relativismus steht. Auf der einen Seite ist Philosophie relativ im Blick auf die Kultur, zu der sie gehört, und auf der anderen Seite ist sie überall *Philosophie* und nimmt sie teil am Entstehen universaler Lebensbedingungen in der ganzen Welt, wie schwerwiegend die Unterschiede auch noch sein mögen.

In seiner Besprechung meines Buches hat Christian Neugebauer diese Ausgangspunkte und Vorbedingungen meiner Forschungen zur afrikanischen Philosophie nicht richtig erkannt.[124] Er möchte zu einer "kontroversiellen, differenzierten Beurteilung" kommen. Die kontroversiellen Punkte, die er herausstellt, lassen jedoch einen erstaunlichen Mangel an Verständnis erkennen. Das beginnt auf einer sehr elementaren Stufe. In meinem Buch kommen vier verschiedene Textsorten vor: 'Philosophische Probleme', 'Tagebuchaufzeichnungen', 'Notizen' und 'Poesie'. Neugebauer zählt drei, indem er die zweite und dritte zusammennimmt. Die verschiedenen Beispiele zur Poesie werden von ihm als "enttäuschte Romatik" zusammengefaßt. Dies zeigt - wiederum auf einer sehr elementaren Ebene -, daß er zwar differenzieren möchte, daß er aber nicht dazu in der Lage ist, Differenzierungen zu bemerken. Kann man Leopold Senghors Poesie unter die Kategorie der Romantik subsumieren oder sie im allgemeinen als Ausdruck der Négritude 'verurteilen'? Unter den Poesie-Beispielen vermißt Neugebauer "zornige" alte oder junge Autoren. Aber gibt es ein schlagenderes Beispiel eines zornigen Autors als Wole Soyinka? Und wie steht es mit den Gedichten voll beißender Satire von Kundi Faraya?

Es gibt freilich *einen* Punkt, der uns beiden gemeinsam ist, außer der Tatsache, daß wir Nicht-Afrikaner sind, die über afrikanische Philosophie schreiben. Wir versuchen, die Tendenzen einer intellektuellen Entkolonisierung zu unterstützen. Mit einer kritischen Bemerkung bereits im Vorwort meines Buches, daß diese Strategie in Neugebauers Schriften die einzige ist und daß es andere Aspekte eines Dialogs mit afrikanischer Philosophie gibt, wollte ich sagen, daß mein Buch als ganzes einen solchen breiteren und differenzierteren Zugang unter Beweis zu stellen habe. Das ist implizit darin enthalten, daß es im 'Vorwort' gesagt

---

124 Zeitschrift für Afrikastudien Nr. 11/12 (1991), S. 111-114.

wird. Deshalb war eine besondere Argumentation nicht notwendig; sie wäre meines Erachtens nicht angemessen.

Wenn es wahr ist, daß wir im Kampf gegen den Neokolonialismus Verbündete sind, sollten wir in der Tat die Frage stellen: was kann Philosophie auf diesem Gebiet bewirken? Was wir als Bundesgenossen vermeiden sollten, ist den anderen zu beleidigen und Ausdrücke zu gebrauchen, die eindeutig unter der Gürtellinie liegen. Es ist sehr schade, daß Neugebauer dies nicht vermieden hat. Ich erwähne nur den Ausdruck "zahnloses Leichtgewicht". Unter normalen Umständen würde bei solch einem Benehmen jegliche Diskussion abgebrochen werden. Die Zahl der Wissenschaftler, die sich mit afrikanischer Philosophie beschäftigen und gegen den Neokolonialismus kämpfen ist jedoch zu klein. Deshalb soll die Bundesgenossenschaft aufrecht erhalten und die Diskussion fortgesetzt werden.

Was Philosophen bewirken können, wo Politiker und Geschäftsleute das Feld beherrschen, kann freilich nicht so einfach und direkt gesagt werden. Ein radikales Vokabular gebrauchen und so tun, als wisse man besser als Politiker und Geschäftsleute, wie diese zu handeln haben - wie Neugebauer es macht - wird die Situation um nichts verbessern. Der Philosoph hat seine eigene Arbeit zu tun, nämlich die Denkweisen seiner Zeit, wie sie auch bei Politikern und Geschäftsleuten vorausgesetzt sind, kritisch zu analysieren und auf diesem Gebiet Alternativen vorzuschlagen. Es hängt sehr stark von der Situation ab, in welchem Maß dies wirksam sein wird. Ich denke nicht, daß Marx recht hat, wenn er sagt, daß Philosophie Teil des Überbaus ist und deshalb politisch nicht wirksam sein kann, und ich stimme auch nicht mit den Neomarxisten überein, daß die Philosophie einen Blaudruck dafür erfinden kann, was Politiker und Geschäftsleute tun sollen. In einer Situation wie der heutigen, in der nicht nur in der Politik und Wirtschaft, sondern auch in der Wissenschaft und Technologie allenthalben die Bedingungen einer optimalen Entwicklung diskutiert werden, mag eine besondere Wirksamkeit davon ausgehen, wenn man deutlich machen kann, daß es in der Philosophie (wie in der Kunst) keine Entwicklung gibt und daß deshalb Philosophen der westlichen Welt und Afrikas auf der Grundlage völliger Gleichheit zusammenarbeiten können.

Es wäre leicht möglich, die anderen kritischen Punkte, die Neugebauer herausstellt, einen nach dem anderen zu widerlegen, indem gezeigt wird, daß seine Zitate aus dem Zusammenhang gerissen sind oder daß er nicht zu lesen versteht. Ich möchte hierfür nur zwei Beispiele geben. Die Analyse des Verhältnisses von "entwickelten Ländern" und "Entwicklungsländern" habe ich keineswegs in dem Satz zusammengefaßt, den Neugebauer zitiert, daß sie von beiden Seiten aus versuchen, den Unterschied zu vermindern. Wenn man den Kontext berücksichtigt, sieht man leicht: die Analyse läuft auf die Feststellung hinaus, daß die "entwickelten Länder" danach streben, das Verhältnis der Abhängigkeit fortzusetzen und zu verstärken, was als der Kern des Neokolonialismus beschrieben wird (PhiA I, S. 184-185).

Über Gemeinschaftssinn und Solidarität in afrikanischen Stämmen oder anderen Formen des sozialen Lebens (Vereinigungen von Dörfern, Königreiche usw.) - eine solche Differenzierung ist notwendig, wie ich zugebe - behaupte ich von mir aus nichts. Ich stelle zwei verschiedene afrikanische Standpunkte einander gegenüber (den von Nyasani und den von Gyekye) und komme zu dem Ergebnis, daß so ein einfacher Gegensatz zwischen afrikanischen und westlichen Formen des sozialen Lebens unterminiert wird. Afrika kann auf die Konzeption des "Wir" oder des Kollektivismus ebensowenig fixiert werden wie die westliche Welt auf die des "Ich" oder des Individualismus (PhiA I, S. 126-132). Neugebauers Verständnis dieser gedanklichen Linie gelangt zu der Feststellung, ich würde eine "Dichotomisierung von Europa und Afrika" annehmen, "jenes individuell, dieses kommunal".[125] Das Gegenteil ist wahr.

Neben Neugebauers gibt es andere Besprechungen meines Buches *Philosophie in Afrika - afrikanische Philosophie* und Reaktionen darauf, die zeigen: es ist nicht leicht,    daß der eine die Argumentationen des anderen versteht    und    eine    beabsichtigte    Bundesgenossenschaft    von

---

125 Ebenda, S. 113.

Nicht-Afrikanern, die über afrikanische Philosophie schreiben, praktiziert wird. Eine überwiegend positive Reaktion kam kurz nach dem Erscheinen des Buches.[126] Eine Bemerkung des Verfassers dieser Besprechung trifft den Nagel auf den Kopf. Habermeyer interpretiert das Anliegen des Buches als ein Bemühen, mit Bezug auf die afrikanische Philosophie nicht mehr zu tun als "den Weg zu und den Blick auf sie frei zu machen". Obgleich gesagt werden kann, daß der Gegenstand dieser Philosophie von dem anderer Philosophien verschieden ist, ganz gewiß von dem der westlichen Philosophie, ist es noch nicht möglich - jedenfalls nicht für einen Nicht-Afrikaner - ihn in seiner Besonderheit zu erfassen. Die Tatsache, daß afrikanische Philosophie von westlichen Voraussetzungen aus verteidigt und zur Diskussion herausgefordert wird, betrachtet Habermeyer als Ausdruck eines paternalistischen Standpunkts. In Hinsicht auf beide Aspekte nimmt G. Groot in einer kurzen Notiz zu meinem Buch eine entgegengestzte Haltung ein als Habermeyer. Während für ihn der vorläufige Charakter meiner Erörterungen eher ein Anlaß ist, im Blick auf die Relevanz der afrikanischen Philosophie skeptisch zu sein, zeigt er daß das Argument des Paternalismus schließlich den trifft, der es gebraucht.[127] Es würde jedenfalls paternalistischer sein, den afrikanischen Philosophen eine Position außerhalb der kritischen Debatte zu reservieren oder sie sonstwie nicht genau so zu behandeln wie jeden anderen philosophischen Autor.

   Die Linie der Kritik Neugebauers findet sich auch in G.R. Hoffmanns Besprechung, obgleich diese in einem klaren und nicht von vornherein durch emotionale Voreingenommenheit getrübten Stil geschrieben ist.[128] Man sollte erwarten, daß eine sorgfältige Lektüre meines Buches von selbst dazu führt zu sehen, daß die 'Tagebuchaufzeichnungen' und die Auswahl der 'Poesie' nichts mit einer Suche nach der "ech-

---

126 W. Habermeyer in: Widerspruch. Münchner Zeitschrift für Philosophie 11 (1991), Nr. 21, S. 89-92.

127 G. Groot in: Streven, Februar 1992, S. 25.

128 G.R. Hoffmann in: Neues Deutschland, 21. Februar 1992, S. 10.

ten Afrikanität" oder exotischer Anziehungskraft des Fremden zu tun haben, die ja für eine Haltung stehen, die in diesen Passagen des Textes selbst als längst überholt gekennzeichnet werden. Ich habe versucht, ein differenziertes Bild zu geben. Aber jeder liest, was er/sie entsprechend seiner/ihrer vorgefaßten Annahmen zu lesen in der Lage ist. Hoffmann teilt mit Neugebauer eine Denkweise, in der nur zwei einander entgegengesetzte Positionen vorkommen können. Diese Denkweise ist mit einer Auffassung über das Verhältnis von Theorie und Praxis verbunden, die besagt, daß Philosophie, wenn sie in strenger und radikaler Art und Weise auf soziale, politische und ökonomische Probleme bezogen ist, in der Praxis deutliche und direkte Resultate haben wird. Demgegenüber wird ein nüchterner philosophischer Diskurs, der sich auf die Arbeit des Philosophen beschränkt, die ihre eigenen politischen und sozialen Implikationen hat, insbesondere wenn Voraussetzungen des politischen und sozialen Denkens analysiert werden, und die bewußt ohne hochgesteckte Erwartungen im Blick auf direkte praktischen Konsequenzen auszukommen sucht, von diesen Autoren als idealistisch abgetan. Darin zeigt sich, daß Nicht-Afrikaner, die afrikanische Philosophie mit derselben Absicht studieren, diese Philosophie ernsthaft auf der Ebene völliger Gleichberechtigung anzusiedeln, in Hinsicht auf bestimmte Punkte nicht übereinstimmen, die mit ihren verschiedenen Wurzeln in westlichen philosophischen Traditionen zu tun haben.

Meine Absicht mit diesem kurzen Beitrag ist nicht nur, eine Gegenkritik verschiedener Besprechungen meines Buches auszuarbeiten. Ich möchte Reaktionen auf die Art des Dialogs hervorlocken, den ich mich zu initiieren bemühe. Als ein Beispiel für meine Art, mit afrikanischer Philosophie umzugehen, werde ich berichten, wie ich auf die Diskussion der Frage nach dem Wahrheitsbegriff zwischen K. Wiredu und H. Odera Oruka einzuspielen versuche.[129] Für eine erste Betrachtung

---

129 Kimmerle, PhiA I, S. 70-78. Diese Diskussion fand ursprünglich statt in "Universitas. An Inter-Faculty Journal" der Universität von Ghana von 1973 bis 1976. Sie ist teilweise in K. Wiredu: *Philosophy and an African culture* (Cambridge 1980) dokumentiert und wurde fortgesetzt in: Quest

sieht es so aus, daß hier ein pragmati(sti)scher und einer universalisti-
scher Standpunkt miteinander konfrontiert werden. Wenn man einige
Mißverständnisse und unglückliche Formulierungen beiseiteläßt, wie z.b.
Wiredus "Wahrheit ist Meinung", scheint dies der Kern der Diskussion
zu sein. Ein anderer afrikanischer Kollege, D.A. Masolo, hat jedoch
darauf hingewiesen, daß beide Positionen zugleich etwas darüber aussagen, welche Haltung die Autoren in der Frage einnehmen, ob das traditionelle afrikanische Denken für die Behandlung aktueller philosophischer Probleme relevant ist.[130] Er entwirft einen breiteren Kontext des
pragmati(sti)schen Standpunkts, indem er diesen in den Zusammenhang
einer Wissenssoziologie einbezieht, wie er von Mannheim und Scheler
entwickelt worden ist.

Meine Intervention geht von einem wiederum breiteren Zusammenhang aus als der Vorschlag Masolos. Der Wahrheitsbegriff in
Nietzsches und Heideggers Philosophien ist in einer Weise mit ihren
Konzeptionen der Geschichte und der Zeit verbunden, die eine völlig
neue Art des Denkens eröffnet. Daß jede Periode in der Geschichte ihre
eigene Wahrheit hat, weil sie von einer besonderen Perspektive ausgeht,
die es ermöglicht, bestimmte Dinge oder Aspekte von Dingen zu sehen,
und die andere gerade dem Blick entzieht, hat auch für den interkulturellen Dialog in der Philosophie weitreichende Konsequenzen. Niemand

---

2, Nr. 2 (1988), S. 3-21. Wiredus Konzeption hat noch andere Diskussionen
ausgelöst, die ich hier beiseite lasse.

130 D.A. Masolo: *History and the modernization of African philosophy. A reading of Kwasi Wiredu.* In: H. Nagl-Docekal /F.M. Wimmer (eds),
Postkoloniales Philosophieren: Afrika. München 1992, S. 65-100. - Für
Masolo ist mit Wiredus Pragmatismus verbunden, daß dieser das traditionelle
afrikanische Denken einem anderen Paradigma zuweist als das philosophische Denken, das erfoderlich ist, um die heutigen Probleme in adäquater
Weise zu behandeln. Demgegenüber läßt sich Odera Orukas Universalismus
mit einer Einschätzung der traditionellen afrikanischen Philosophie in Verbindung bringen, die in jeder Periode der Geschichte spezifische Beiträge zur
Suche nach der sich gleichbleibenden allgemeinen Wahrheit zu finden hoffen
kann.

kann dann mehr beanspruchen, die Wahrheit zu besitzen oder auch nur nach ihrem Besitz streben zu wollen. Die Suche nach der absoluten Wahrheit in der westlichen Philosophie, die man Metaphysik zu nennen pflegt, ist damit gegenstandslos geworden. Was die metaphysischen Philosophen von Platon bis Hegel gesucht haben, erweist sich als eine bestimmte Gestalt der Wahrheit oder - genauer formuliert - ein bestimmtes Verhältnis des Sich-zeigens und des Sich-verbergens der Dinge und ihrer Aspekte. Wenn die Suche nach der absoluten Wahrheit gegenstandslos geworden ist, muß eine neue Art des Denkens ermöglicht werden. Diese kann innerhalb des Zusammenhangs der Geschichte der westlichen Metaphysik nur gefunden werden, indem man kritisch untersucht, was die Philosophen in ihrer vielfältigen Suche nach der absoluten Wahrheit getan und was sie unterlassen haben zu tun. Damit wird eine neue Offenheit geschaffen für andere Denkweisen und für andere Philosophien.

Was ich in dieser Situation vor allem von der afrikanischen Philosophie gelernt habe, ist dies, daß Metaphysik nicht verschwindet und nicht zu verschwinden braucht, wenn sie kritisch analysiert wird. Die Kritik der Metaphysik kann auch zu einer kritischen Metaphysik führen. Nichtsdestoweniger bedarf die neue Art zu denken, die durch Nietzsche, Heidegger und andere vorbereitet worden ist, neben der Kritik der Metaphysik oder der kritischen Metaphysik noch eines anderen konstitutives Elements. Wenn die Wahrheit an Geschichte und Zeit gebunden ist, sind auch die metaphysischen Entitäten auf die Periode der Geschichte bezogen, in der sie konzeptualisiert worden sind. Wie die metaphysischen Begriffe zu denken sind, wenn wir von diesem Wahrheitskonzept ausgehen, kann nicht so einfach gesagt werden. Nietzsche arbeitet an diesem Problem, indem er auf antike Tragödien und Mythologien zurückgeht, und Heidegger beginnt, vorsokratische Philosophen in einer neuen Weise zu lesen und er erwartet Hilfe von der Poesie Hölderlins.

Wenn es erlaubt ist in Wiredus These: "Wahrheit ist Meinung" den Begriff der Meinung anders und breiter aufzufassen, nicht nur indem man Meinung im Rahmen der gemeinsamen Grundauffassungen einer

Gesellschaft interpretiert, wie Masolo vorschlägt, sondern indem man diesen Begriff auf die Perspektive einer ganzen geschichtlichen Periode einer Gesellschaft (in Europa, Ostasien, Afrika südlich der Sahara usw.) bezieht, kann die Verbindung zwischen Wiredus These und seiner negativen Haltung in Bezug auf das traditionelle afrikanische Denken durchbrochen werden. Die Erwartung mag nicht als unbegründet erscheinen, daß traditionelles afrikanisches Denken helfen kann, einen Weg zu finden, um die metaphysischen Begriffe auf der Grundlage eines Wahrheitskonzepts, das an Geschichte und Zeit gebunden ist, in neuer Weise zu denken. Die kritische Umformung des metaphysischen Denkens könnte auf diese Weise eine gemeinsame Unternehmung westlicher und afrikanische Philosophen werden. Die Aussicht auf ein solches Projekt ist für mich Grund genug, den Dialog fortzusetzen.

## 2. Philosophischer Dialog und finanzielle Hilfe
### Zum Streit über die Relevanz der afrikanischen Philosophie

Am Anfang dieses Buches wird das Unternehmen einer interkulturellen Philosophie, wie es hier im Kontext des Versuchs eines Dialogs mit afrikanischer Philosophie angegangen wird, als *umstritten* charakterisiert. Diese Situation möchte ich konkret vor Augen führen, indem ich einige gegenkritische Argumente gegen eine äußerst kritische Rezension meines ersten Afrika-Buches, PhiA I, entwickle.[131] Mit dem Rezensenten, Lolle Nauta, Professor für Sozialphilosophie an der Universität Groningen, verbindet mich eine Geschichte heftiger kritischer Auseinandersetzungen. Jedesmal wenn ich ihn treffe oder wenn er sich schriftlich zu meinen Arbeiten äußert, geschieht etwas sehr Merkwürdiges. Gegen meine Auffassungen, die er als hermeneutisch und in der Tradition Heideggers, Derridas und Nietzsches stehend charakterisiert, beruft er sich auf kritische Rationalität, analytische Philosophie und logischen Positi-

---

131 Die Rezension von L. Nauta findet sich in: Algemeen Nederlands Tijdschrift voor Wijsbegeerte 85, H. 2 (1993), S. 194-198. Im folgenden zitiert als LN.

vismus. Zugleich zeugt sein aufgeregter und polemischer Schreibstil und seine offensichtliche Blindheit für den einfachen Textbefund von einer emotional geladenen und wenig rational oder analytisch-logisch geleiteten Bestimmung seines eigenen Standpunkts. So geht er in seiner Rezension meines ersten Afrika-Buches (PhiA I) davon aus, ich würde nur die von mir vertretene philosophische Richtung zu dem Dialog zwischen westlicher und afrikanischer Philosophie zulassen, den ich helfen möchte zu inaugurieren, und die von ihm favorisierte Richtung ausschließen (LN, S. 195). Das ist indessen ganz gewiß nicht so. Es geht mir vielmehr gerade um Offenheit und um die Beteiligung möglichst vieler auch verschiedener Richtungen der westlichen Philosophie an diesem Dialog. Und trotz der genannten Merkwürdigkeit freue ich mich über Nautas Beitrag zur kritischen Erörterung der Bedingungen, die man hierfür annehmen muß. Einige gegenkritische Argumente können das umstrittene Projekt weiter verdeutlichen.

Aber wie konnte ein solches Mißverständnis entstehen? In der (fälschlich so genannten) "Abschließenden Überlegung" von PhiA I: "Der historische Ort einer interkulturellen Philosophie" (S. 235-238) und an zahlreichen anderen Stellen (z.B. S. 77f.) suche ich zu zeigen, daß zwar nicht von der Hermeneutik aus, die das Andere zu sehr zum Eigenen machen will, wohl aber in einer Linie von Hegel und Marx über Nietzsche, Adorno und Heidegger bis zu Derrida die relativ größte Aufgeschlossenheit für das Sicheinlassen auf die Philosophien anderer Kulturen entstanden ist. Demgegenüber kritisiere ich in keiner Weise die analytische Philosophie oder den logischen Positivismus. Wohl aber versehe ich die überwiegende Orientierung vieler afrikanischer Kollegen, insbesondere in den englischsprachigen Ländern, an diesen letzteren philosophischen Richtungen mit einem Fragezeichen. Es scheint mir nicht unnötig, neben der Orientierung am Existenzialismus und am strukturalistischen Marxismus, der in den französischsprachigen Ländern Afrikas (südlich der Sahara) vorherrscht, auf die besondere Offenheit hinzuweisen, die in der Überlieferungslinie von Hegel bis Derrida zu finden ist. Daß man dabei "mit Hegel gegen Hegel" argumentieren muß,

ist in dieser Tradition seit Marx eine gängige Denkfigur. Inwiefern eine
Terminologie, die sich dieser philosophischen Tradition verdankt, zu
"sweeping" oder zu "grobmaschig" ist, (LN, S. 197) müßte Nauta etwas
genauer aufzeigen, um eine gegenkritische Erwiderung möglich zu machen.

Das Mißverständnis grenzt ans Lächerliche, wenn Nauta sagt, daß
ich mit diesem Vorschlag den Afrikanern (oder mir selbst) "interessante
Ergebnisse auf dem Gebiet der Logik, Wissenschaftsstudien oder politischen Philosophie vorenthalten" wolle.(LN, S. 197f.) Das habe ich nicht
nur nicht gemeint, sondern auch auf keine Weise gesagt, abgesehen
davon daß ich oder welcher westliche Dialogpartner auch immer, das
auch gar nicht könnte. In den genannten Gebieten ist die starke und
überwiegende Orientierung an der analytischen Philosophie eine Tatsache, von der man ausgehen muß. Diese Orientierung korrigieren und
erweitern zu wollen, heißt doch nicht, sie abzuschaffen.

Nauta behauptet weiterhin, ich würde von "romantischen Voraussetzungen" ausgehen (LN, S. 195). Dies zeige sich an meiner Betonung
der philosophischen Relevanz der mündlichen Überlieferung afrikanischer Philosophie gewissermaßen um ihrer selbst willen. Seiner Meinung
nach hätte ich besser daran getan zu sagen, daß diese Überlieferung
"nicht von vornherein uninterssant und irrelevant" sei. Nun habe ich diesen Akzent, wie man aus dem Text meines Buches leicht entnehmen
kann, (PhiA I, S. 34-38, 44-46 u.ö.) deshalb so gesetzt, weil dieser
philosophischen Tradition (die auch Nauta lieber "traditionelle afrikanische Weisheit" nennt), häufig ihr philosophischer Charakter abgespro-
chen wird. Ich möchte sowohl die Ethnophilosophie als auch die "Sage
philosophy" als vollwertige Strömungen innerhalb der afrikanischen
Philosophie ernstgenommen wissen. Die Arbeiten von Tempels und
Kagame[132] auf der einen und die Auffassungen von Ogotemmêli[133] oder

---

132 P. Tempels: *Bantu Philosophie. Ontologie und Ethik.* Heidelberg
1956; A. Kagame: *Sprache und Sein. Die Ontologie der Bantu Zentralafrikas.* Brazzaville/Heidelberg 1985.

von Oruka Rang'inya und Paul Mbuya Akoko[134] auf der anderen Seite dokumentieren das eindrucksvoll, auch wenn im Blick auf die ersteren bestimmte kritische Argumente von Hountondji und Towa und im Blick auf die letzteren die Andersartigkeit ihrer Denkstile nicht gering bewertet werden. (PhiA I, S. 85-92)

Nicht ich verteidige die These, daß die "traditionellen Gemeinschaftsformen ... nicht im Streit sind mit der Autonomie des Individuums", (LN, S. 195f.) sondern ich referiere, daß K. Gyekye diese These vertritt, und ich konfrontiere seine These mit den anderslautenden von J. Nyasani und M.T. Ntumba (afrikanische Philosophie des "Wir"), um selbst zu dem Ergebnis zu kommen, daß in diesem Punkt afrikanisches Gemeinschaftsdenken mit Beachtung des Individuums und europäisches Autonomiedenken mit Einsicht in die Bedeutung überindividueller Instanzen (des "Wir") sich aufeinander zu bewegen (PhiA I, S. 126-132).

Über die Rolle der Frauen in diesen Gemeinschaften wäre freilich mehr zu sagen, als in meinem Text zu finden ist, und sicher auch mehr, als in der Formel von der "untergeordneten Stellung der Frau" ausgedrückt wird (LN, S. 196). Immerhin kann ich auf das Gedicht "Für Mirjam" von Marjorie Oludhe Macgoye, in dem das Leben einer alten Frau mit seinen Höhen und Tiefen im Rückblick geschildert wird, und auf die Erwähnung der Situation einer Turkana-Frau innerhalb meines Buches verweisen (S. 93-96 und 80) sowie auf das Buch von Ulrike von Mitzlaff: "Maasai-Frauen", in dem gezeigt wird, welche eigenständige und selbstbewußte Rolle die Frauen in einer Gesellschaft spielen, die ihrer dominanten Struktur nach sehr deutlich patriarchalisch und gerontokratisch ist.[135] Diese dominante Struktur soll damit nicht gerechtfertigt

---

133 M. Griaule: *Dieu d'eau. Entretiens avec Ogotemmêli.* Paris 1966.

134 H. Odera Oruka: *Sage philosophy. Indigenous thinkers and modern debate on African philosophy.* Leiden/New York/Kobenhavn/Köln 1990, S. 117-127 und 135-148.

135 U. von Mitzlaff: *Maasai-Frauen. Leben in einer patriarchalischen Gesellschaft. Feldforschung bei den Parakuyo, Tansania.* München 1988.

oder beschönigt werden. Vielmehr soll eine differenziertere Betrachtung gefordert werden. Ferner möchte ich in diesem Zusammenhang das reiche, aber nicht leicht zu deutende Material zu dieser Frage erwähnen, das sich in der Sammlung afrikanischer Sprichwörter über Frauen findet, das Mineke Schipper zusammengetragen hat und dem sie das offensichtlich aus männlicher Sicht formulierte Fon-Sprichwort als Motto vorangestellt hat: "Woman is the source of all evil; only our soul saves us from the harm she does". Sollte man dem nicht auch ein anderes gegenüberstellen, etwa: "Mother is God number two"?[136] Was mich betrifft, erwarte ich weiteren Aufschluß von der anthropologischen und soziologischen Erforschung dieser ebenso wichtigen wie ungeklärten Problematik.

Eine wichtige Frage ist freilich, welche philosophischen Inhalte als spezifisch afrikanisch gelten können und welche Bedeutung sie für einen interkulturellen Dialog haben. Solche Inhalte sind Nauta nicht aufgefallen. (LN, S. 196) Da wäre an die schon erwähnte "Philosophie des Wir" zu erinnern, die von Ntumba entwickelt wird, an die erkenntnistheoretische Bedeutung der Intuition, die Danquah hervorhebt, oder an den erkenntnistheoretischen Status supranaturalistischer Erklärungen, der von Horton herausgearbeitet und neuerdings van Appiah als "invisible ontology" unterstrichen wird. Aber auch der andere Krankheitsbegriff, den Sogolo analysiert, und das spezifische Wissen um heilkräftige Pflanzen bei den "herbalists" sind Beispiele, die in meinem Buch leicht aufzufinden sind.

Mit diesen Hinweisen möchte ich jedoch zwei Bemerkungen verknüpfen: 1. Die spezifischen Einsichten aus einer anderen philosophischen Tradition sind nicht darum relevant, weil sie etwas enthalten, was wir nicht auf irgendeine Weise "schon wußten", (LN, S. 196) sondern weil sie Bestimmungen des Wissens enthalten, die Entsprechendes in unserem westlichen Wissenszusammenhang in einem anderen Licht erscheinen lassen. 2. Niemandem kann entgehen, auch wenn er nur

---

136 M. Schipper: *Source of all evil. African proverbs and sayings on women.* London 1991, S. 38.

flüchtig liest, daß ich meine Studien zur afrikanischen Philosophie als Anfänge betrachte, als vorbereitende Überlegungen oder - wie bereits der Untertitel des Buches sagt - als "Annäherungen".

Bei dem allen ist eine ideologiekritische Analyse des universalistischen Denkens in der Tat nicht unwichtig. Nicht um "von vornherein" irgendwelche "Gleichheitszeichen" zu setzen, (LN, S. 196) sondern um deutlich zu machen, daß die universale Geltung der Vernunft wie die der Sprache zu denken ist (im Griechischen hat 'logos' beide Bedeutungen). Das heißt, westliche Rationalität ist nur eine ihrer zahlreichen möglichen inhaltlichen Bestimmungen. Inhaltliche universalia wie die Menschenrechte würde ich, in diesem Punkt stimme ich mit Nauta überein, als empirische Gegebenheit betrachten.[137]

Und noch ein Punkt der Übereinstimmung: die afrikanische Philosophie braucht finanzielle Hilfe von den reicheren Industrieländern. Dauerhafte strukturelle gemeinsame Projekte sind notwendig. (LN, S. 198) Aber das niederländische Ministerium für internationale Zusammenarbeit will für die Philosophie erst an letzter Stelle etwas geben. Und in den Philosophie-Fakultäten wird die Bedeutung der afrikanischen Philosophie als marginal angesehen. Nicht nur von Nautas Seite, sondern von vielen Seiten ist das Projekt einer interkulturellen Philosophie von Mauern von Vorurteilen umgeben. Dennoch kann der philosophische Dialog etwas bewirken, indem er z.B. den Entwicklungsbegriff in Frage stellt, wie er in der Politik und in der Wirtschaft, aber auch in der Wissenschaft gängig ist. Diesen Gedanken meines Buches (S. 184-190) habe ich an anderer Stelle weiter ausgearbeitet.[138]

Was auf dem praktischen Gebiet übrig bleibt, wenn durch die Dummheit der Entwicklungsministerien und der Fakultätsleitungen eine strukturelle Zusammenarbeit mit afrikanischer Philosophie und der Phi-

---

137 H. Kimmerle: *Universale Erkenntnis a posteriori. Das Universum und die Menschenrechte* (s.o. Verallgemeinerungsschritt 3).

138 Kimmerle:. *Art and philosophy in the development of Subsaharan Africa.* In: International Sociology 7, Nr. 2 (1992), S. 173-186.

losophie anderer nicht-westlicher Kulturen nicht erreichbar ist, ist der
kontinuierliche Versuch, Einzelprojekte zu veranstalten. Hierfür finde ich
bei einigen nicht-staatlichen, halbstaatlichen und auch staatlichen Stellen
immer wieder Unterstützung, insbesondere auch bei dem Trustfonds der
Erasmus Universität Rotterdam, die meinen Lehrstuhl für "Grundlagen
der interkulturellen Philosophie" eingerichtet hat. Ich frage mich allerdings, was Lolle Nauta in dieser Sache tut, der sich im Blick auf meine
Arbeit und meine Bemühungen um Zusammenarbeit so polemisch
äußert. Seine damalige Mitwirkung bei der Errichtung eines philosophischen Instituts an der Universität in Lusaka (Sambia) und die literari-
schen Ergebnisse dieser Tätigkeit[139] habe ich keineswegs vergessen,
wenn ich heute diese Frage stelle.

Im allgemeinen gilt es festzuhalten, daß sich die praktischen Wirkungen der philosophischen Arbeit, gerade auch auf dem Gebiet der
Politik, nicht prognostizieren lassen. Das ist durch die Geschichte des
Marxismus und Neomarxismus für jedermann deutlich geworden. Sie
sind in ihrer Bedeutung nur abzuschätzen, wenn sie eingetreten sind.

---

139 L. Nauta:. *De mythe van het andere Afrika; Afrikaanse filosofie in
een situatie van onderontwikkeling; Marx in Afrika.* In: De factor van de
kleine c. Essays over culturele armoede en politieke cultuur. Amsterdam
1987, S.81-158.

# Zum Fortgang des Dialogs

## Ästhetik und Moral in der afrikanischen und in der westlichen Philosophie

### 1. Die ästhetische Weltdeutung im afrikanischen Denken

Im Denken der afrikanischen Völker südlich der Sahara bildet die Kunst kein gesondertes, für sich zu behandelndes Thema. Dem entspricht es, daß die Kunst im Leben dieser Völker kein eigenes, autonomes Teilgebiet ist, sondern alle Gebiete des Lebens und damit zweifellos auch die Moral durchdringt. Dies hängt damit zusammen, daß in diesen Gesellschaften, sofern sie an ihrer traditionellen Lebensweise festhalten, eine Ausdifferenzierung der Kunst und anderer Gebiete des Lebens nicht - oder wie Habermas sagt: noch nicht - stattgefunden hat.[1] In einer Konfrontation des mythischen und des modernen Weltverständnisses sucht Habermas die "ältere Diskussion" (zwischen L. Levy-Bruhl, E.E. Evans Pritchard, u.a.) zu überwinden, die für das erstgenannte Weltverständnis ganz allgemein einfachere Grundbegriffe voraussetzt, indem er innerhalb der Weltdeutung einen objektiven, sozial-kulturellen und subjektiven Weltbezug unterscheidet. Dabei hält er an dem evolutionistischen Grundmodell dieser Diskussion fest. Die "Weltbildrationalisierung" im Sinne M. Webers führt nach seiner Darstellung zu "Fortschritten der Differenzierung" zwischen Dingen und Personen und innerhalb der letzteren Sphäre zwischen sozial-kulturell und individuell bestimmten Bereichen. Dadurch soll die animistische Weltdeutung des Mythos überwunden werden, die solche Unterschiede noch nicht zu machen imstande ist.

Den wertenden Gesichtspunkt und das evolutionistische Denkmodell möchten wir jedoch für den Dialog der Philosophien verschiedener

---

1 J. Habermas: *Theorie des kommunikativen Handelns*. Frankfurt a.M. 1981, Teil I, Kap. 2: "Einige Merkmale des mythischen und des modernen Weltverständnisses", S. 72-113.

Kulturen ausdrücklich vermieden wissen. Das Leben in den afrikanischen Kulturen, sofern Kolonisierung und Modernisierung sie nicht
tiefgreifend verändert haben, was dort freilich immer seltener anzutreffen
ist, kennt zwar keine Ausdifferenzierung der Kunst und anderer Gebiete
des Lebens, wobei natürlich wohl für das Machen von Gegenständen,
die wir als Kunst bezeichnen, eine bestimmte Kompetenz vorausgesetzt
ist. Dieses Leben ist aber auf andere Weise reich gegliedert (nicht weniger, sondern anders als die moderne Welt): nach Altersgruppen, beruf-
lichen Qualifikationen, rechtlichen und politischen Institutionen, besonderen Kompetenzen (neben der zum Machen von Kunstgegenständen für
den praktischen Gebrauch oder für religiöse Zwecke) zur Ausführung
der religiösen Kulte, der Heilung von Krankheiten, der esoterischen und
der praktischen Weisheit usw.

     In der heutigen Zeit befinden sich die afrikanischen Gesellschaften
allerdings in einem raschen Wandel. Verstädterung, Industrialisierung
und Anschluß an den Welthandel bringen eine Modernisierung des
gesamten Lebens mit sich. Die sozialen und politischen Probleme, die
durch diesen Wandel entstehen, sind unabsehbar groß. Es ist eine offene
Frage, inwieweit die traditionellen Werte und auch die weitgehende
ästhetische Bestimmung des Lebens in diesem Prozeß erhalten bleiben.
In seinem Artikel *The idea of art in African thought* schreibt K.C. Anyanwu, Philosoph an der Universität von Lagos/Nigeria: "The African
world may be considered as that of artistic expression or vision". Oder
an einer etwas späteren Stelle: "The African universe is therefore that of
aesthetic qualities".[2] Damit hält er auch in der heutigen Situation an
einer ästhetischen Deutung der Welt und des Lebens bei den afrikanischen Völkern fest.

     An dieser Stelle will ich im Blick auf die weiteren Ausführungen
eine grundsätzliche Bemerkung machen, die den Geltungsbereich der
Ausführungen über afrikanisches Denken betrifft. Anyanwu und viele

---

     2 K.C. Anyanwu: *The idea of art in African thought.* In: Contemporary
philosophy. Hrsg. von G. Floistad. Bd 5: African philosophy. Dordrecht/Bos-
ton/Lancaster 1987, S. 235-260; s. bes. 246 und 249.

andere afrikanische Philosophen gehen davon aus, daß es bei allen Unterschieden so etwas gibt wie die kulturelle Einheit Afrikas (südlich der
Sahara), wobei diese Einheit sicher nicht kulturelle Uniformität bedeutet
und auch nicht statisch, sondern als eine "Einheit der Funktion" verstanden werden muß. Im folgenden wird demgemäß einerseits von afrikanischem Denken und von afrikanischer Kunst im allgemeinen gesprochen
werden, andererseits werden aber auch Fallstudien ausgeführt, die sich
auf bestimmte Ethnien oder Gruppen von Völkern in Afrika beziehen.

Anyanwu arbeitet die umfassende ästhetische Weltdeutung im
afrikanischen Denken in folgender Weise näher aus. Sein Ausgangspunkt
ist die schon von Tempels vertretene Auffassung, daß die Begriffe Leben und Lebenskraft für das afrikanische Denken grundlegend sind. Im
Igbo, der Sprache eines Volkes im Südwesten von Nigeria, heißt Leben
"Ndu", und dieses Wort ist identisch mit "Ntu", das in vielen Bantu-
Sprachen Leben und Lebenskraft bedeutet. Das Leben ist nicht nur das
erste Geschaffene, es ist auch allgegenwärtig im Universum und durchdringt auch solche Dinge, die von den Europäern als unbelebt bezeichnet
werden. Ebenso wie von Geistern des Waldes kann man auch von Geistern des Flusses sprechen u.dgl. Deshalb gilt selbstverständlich auch für
die Gegenstände künstlerischen Ausdrucks, daß sie nicht leblos und
unbeweglich sind ("inert"), sondern lebendig.[3]

Aus dem Gesagten ergibt sich bereits, daß Kunst in Afrika un-
trennbar ist von Religion und von der Gesamtdeutung der Welt. Der ästhetische Grundzug dieser Weltdeutung - im Unterschied etwa zu einer
naturwissenschaftlich-materialistischen - drückt sich darin aus, daß
"Klang" ("sound") als Modell der Wirklichkeit fungiert. Die Begreifbar-
keit der Wirklichkeit ist eine des Erfassens von Klangstrukturen und
Klangnuancen. Dabei hat Klang immer einen beschwörenden Charakter,
er bringt den Hörer zum Mitschwingen.[4] In einem System der afrikanischen Künste, wenn es das gäbe, müßte deshalb die Musik allen anderen

---

3 Ebenda, S. 248.

4 Ebenda, S. 250 f.

Künsten voranstehen: die Musik und der Tanz, wobei der letztere gleichsam als das Mitschwingen des Tänzers mit der Weltenmusik aufgefaßt werden muß. Andere Künste, etwa Bildhauerei oder Holzschnitzkunst, sind dann auf ihre Weise Gestaltungen des Klangs. Der Künstler schafft ein besonderes und einmaliges Klanggefüge, das von der Dynamik seiner persönlichen Lebenskraft geprägt ist. Die Igbo haben hierfür das Wort "chi". Sie sagen: "chi awu otu", "kein chi gleicht dem anderen". Erst über die Zwischeninstanz der Sprache der Trommeln wird der Klang zum Wort, das heißt zum Träger einer wesentlich diskursiv oder rational zu erfasssenden Bedeutung. Merkwürdigerweise ist das Verstehen der Trommel-Botschaften nicht davon abhängig, daß Sender und Empfänger dieselbe Sprache sprechen. In vielen afrikanischen Sprachen sind überhaupt die Bedeutungen der Wörter zu einem erheblichen Teil von ihrer Betonung bestimmt.[5] Poesie und Erzählkunst stehen auf diese Weise am Ende der Reihe verschiedener Kunstformen.

Die afrikanische Kunst hat wie alle Kunst etwas Spielerisches, sie inszeniert im Zusammenwirken der Kräfte des Lebens so etwas wie ein freies Spiel. Aber sie ist kein unverbindliches, gewissermaßen kindisches Spielen, sondern von hohem Ernst. Es geht letzten Endes um ein Spiel mit reinem Klang und reiner Form. Die Kunstgegenstände bilden dabei dynamische Teile im Prozeß des Zuswammenwirkens der Lebenskräfte. Der Rezipient der Kunstwerke ist deshalb niemals passiver Beschauer oder Zuhörer. Er nimmt teil am Geschehen und ist gleichzeitig Aktor und Rezipient. Bei der Musik ist dies besonders deutlich. Denn nur durch das Gedächtnis des Hörers werden die Töne verbunden zu einer Struktur. Anyanwu legt großen Nachdruck darauf, daß auf diese Weise Kunst die in sich zusammenhängende Erfahrung des Weltprozesses zum Ausdruck bringt. Sie ist "model of experienced reality in African thought, that ... is the principle of creativity, intelligibility and rationality [of that thought]".[6] Damit ist zugleich die spezifische Rationalität des

---

5 Ebenda, S. 253 f.

6 Ebenda, S. 255-257 und 259.

afrikanischen Denkens als ästhetische Rationalität umschrieben.

## 2. Moralität als Erfüllung des Schicksals

Daß ästhetische Qualitäten allen Gebieten des Lebens und Denkens eingebildet sind, also auch der Moral, bewahrheitet sich in der Ethik der Akan, des größten Verbandes von Völkern im heutigen Ghana, über die verschiedene Studien von afrikanischen Autoren angefertigt worden sind. Eine gute Handlung soll zugleich auch schön sein. Dabei können wir in der Tat den dynamischen Schönheitsbegriff verwenden, den Anyanwu aufgezeigt hat. Es geht um Schönheit der Bewegung oder Schönheit als bewegte Gestalt. In einer Analyse der Moralbegriffe in der Sprache der Akan nennt C.A. Ackah von der Universität für Erziehungswissenschaften in Cape Coast (Ghana) an erster Stelle "nokware". Die englischen Äquivalente hierfür sind: truth, truthfulness, faithfulness, honesty und probity. Bereits an zweiter Stellt folgt: "ahoöfew" mit den Äquivalenten: beauty, handsomeness, grace, elegance und prettiness. Auch einer der folgenden Begriffe hat deutliche ästhetische Implikationen. "Nyansa" wird wiedergegeben durch: knowledge, learning, wisdom, skill, dexterity, art, artfulness, craft und cunning. Die wörtliche Bedeutung des Ausdrucks "inya a onnsa", aus dem "nyansa" zusammengezogen ist, läßt sich wiedergeben als ein Besitz, der nicht ausgeschöpft werden kann. Kreativität im Sinne von sich selbst erneuender Kraft scheint also wesentlich zu diesem Moralbegriff zu gehören.[7]

Schönheit der Bewegung ist dem Körper eingebildet. Sie vereinigt Geistiges und Körperliches. Wo sie der Anlage nach vorhanden ist, kann sie durch Gewohnheit, Übung oder Nachahmung gesteigert und immer besser ausgebildet werden. Wer denkt hier nicht sogleich wieder an den Tanz als Weiterwirken der Weltenmusik oder als Antwort des Menschen auf diese Musik? Zugleich mit der Übung der schönen Bewegung und auf demselben Weg erwirbt der Mensch einen guten Charakter. Charak-

---

7 C.A. Ackah: *Akan ethics.* Accra 1988, S. 25-27.

terbildung ist ein wichtiger Aspekt der Akan-Ethik. Sie beruht darauf, daß das gute Handeln zur Gewohnheit wird, daß es gleichsam wie die graziöse Bewegung dem Körper eingebildet wird. Nachahmung von großen Vorbildern spielt hierbei eine wichtige Rolle.

Für eine genauere Betrachtung der Akan-Ethik greife ich zurück auf das Buch von J.B. Danquah, einem Philosophen aus Ghana und Minister im ersten Kabinett Kwame Nkrumahs *The Akan doctrine of God*, das primär aus einem ethischen Motiv geschrieben ist.[8] Der entscheidende Interpretationsrahmen dieser Ethik ist die Konzeption des Schicksals. (Der Begriff Schicksal wird durch zwei Äquivalente wiedergegeben, die aber keine wesentlich verschiedene Bedeutung haben: "hyebea" - wörtlich: arrangiert in einer bestimmter Art und Weise; "ukrabea" - wörtlich: Botschaft einer bestimmten Art und Weise.) Für die Auffassungen der Akan vom Schicksal kann man davon ausgehen, daß das Leben der Menschen in seinen allgemeinen Gegebenheiten (Geburt, grundlegende Charaktermerkmale, Stellung in der Gesellschaft und Tod) vorbestimmt ist. Das heißt aber nicht, daß ein Schicksalsglaube wie im Islam vorherrscht. Für den Einzelnen bleibt Raum zu freier Entscheidung. Denn nur die allgemeinen Grundzüge sind festgelegt. Die konkreten Einzelentscheidungen trifft das Individuum oder die Gruppe (Familie, Dorf, Volk) aus freiem Willen.

Wichtig ist, daß die Vorbestimmung nicht eine Alternative einschließt wie im christlichen Glauben: zum Guten oder zum Bösen, zur ewigen Seligkeit oder zur Verdammnis. Sie ist für die Akan immer eine Vorbestimmung zum Guten. Das Böse entsteht durch falsche Entscheidungen der Menschen und durch den Einfluß böser Mächte. Dies sind die Geister Verstorbener, denen Schlechtes angetan wurde oder in deren Leben das Böse die Oberhand hatte. Auch durch Unglücksfälle, die nicht im Schicksal festgelegt sind, kann die gute Vorbestimmung gewissermaßen verdorben werden. Das Schicksal bezeichnet einen Rahmen, der

---

8 J.B. Danquah: *The Akan doctrine of God*. London 1986, 2. Aufl.; s. bes. Kap.3: "Ethical canons of the doctrine", S. 78-103.

näher ausgefüllt oder auch durchbrochen und in seinen positiven Intentionen zerstört werden kann.

Die Ethik ist insofern auf das Schicksal bezogen, als sie lehrt, daß jede gute Handlung zur Erfüllung des Schicksals beiträgt. "Jede Bemühung um das Gute wird als Verdienst in der Seele ('okra') bewahrt und trägt bei zur fortschreitenden Erfüllung durch das Individuum oder durch das Schicksal seiner Seele."[9] Für diesen Begriff der Seele, die das Göttliche im Menschen repräsentiert, ist entscheidend, daß in ihr das Böse keinen Raum hat. Das Böse betrifft nicht diesen innersten Kern des Selbst. Es entsteht im Bereich des Geistes ("sunsum"), in dem die Entscheidungen nicht nur rational, sondern auch aus emotionalen Gründen getroffen werden. Hier kann der Einfluß der bösen Mächte eingreifen. Das Verhältnis zwischen "okra" und "sunsum" kann man durch die Vorstellung zweier konzentrischer Kreise anschaulich machen. Der innere stärker geschlossene Kreis der "okra" bezeichnet das eigene persönliche Wollen, während der äußere für allerlei fremde Einflüsse offene Kreis des "sunsum" für das Selbst im Bezug auf die natürliche und soziale Umwelt steht.

In ihrem Gutsein kann die Seele offensichtlich "wachsen". Dies geschieht, wie wir gesehen haben, durch Gewohnheit, Übung oder Nachahmung. Es führt in erster Linie zu einem moralischen Fortschritt des Individuums, das zu Charakterstärke findet und dem Einfluß der bösen Mächte gegenüber immun wird. Der moralische Fortschritt des Einzelnen überträgt sich und setzt sich fort in der Gemeinschaft. Je größer die Rolle ist, die ein Individuum in seiner Familie oder seinem Volk spielt, desto mehr wird auch sein fortschreitendes Gutsein für diese Gemeinschaften von Bedeutung sein. Dieser Prozeß endet nicht bei den Gemeinschaften der direkten Umgebung. Er setzt sich fort in einer ganzen Region, innerhalb der gesamten Rasse. Tendentiell ist er auf die ganze Menschheit gerichtet. Was in diesen Auffassungen der Akan gedacht

---

9 Ebenda, S. 84.

wird, ist nicht eine "moralische Erziehung des Menschengeschlechts", die allgemeine Prinzipien zu verwirklichen sucht, sondern die Tendenz oder das Postulat eines moralischen Wachstums, das vom Einzelnen ausgeht und auf die gesamte Menschheit gerichtet ist.

Das moralische Handeln des Menschen ist in diesem Sinne schicksalhaft. Es muß im Rahmen des eigenen und des Schicksals der Menschheit gesehen werden - einschließlich aller Zwischenstufen. Es wirkt mit an dem Plan, den das höchste Wesen ("Onyame") mit den Menschen und der Menschheit verfolgt, und hat deshalb eine deutliche religiöse Dimension. Trotzdem gilt, daß die Begründung der Moralität nicht religiös ist, sondern einen profanen Charakter hat. Was gut ist, ist nicht deshalb gut, weil es von Gott oder einer religiösen Instanz geboten ist. K. Gyekye, ein Philosoph von der University of Ghana in Legon-Accra, unterstreicht diesen Aspekt der Akan-Ethik mit Nachdruck.[10] Der Mensch trägt dabei für sein Handeln die volle Verantwortung. Die Freiheit seines Willens ist nicht in dem Sinne eingeschränkt, daß das Böse für ihn unausweichlich wäre. Die bösen Mächte, die ihn beeinflussen können, haben keine absolute Macht über seinen Willen.

Der Ort der Einübung der moralischen Werte ist vor allem die Familie. Bestimmte Werte werden eher vom Vater gelehrt. Insbesondere sucht er die männlichen Tugenden (Geschicklichkeit, Mut, Gerechtigkeit etc.) an die Söhne weiterzugeben. Entsprechend sucht die Mutter primär weibliche Tugenden (Schönheit, gleiche Behandlung aller, Großzügigkeit etc.) den Töchtern einzuprägen. Dabei spielen das elterliche Vorbild und der Gebrauch von Sprichwörtern und Volkssagen (oft auch beide kombiniert) eine wichtige Rolle. Es kann übrigens auch so sein, daß ein wenig erfolgreicher und angesehener Vater für den Sohn ein Anreiz ist, selbst auf jeden Fall zu Erfolg und Ansehen zu kommen. Ein Beispiel hierfür ist Okonkwo in Ch. Achebes berühmtem Roman *Things fall apart*[11].

---

10 K. Gyekye: *An essay on African philosophical thought. The Akan conceptual scheme*. Cambridge 1987, S. 129-146.

11 Ch. Achebe: *Things fall apart*. London 1958.

Für die Erzählungen und Volkssagen, die bei den Akan zur ästhetischen und zur moralischen Erziehung gehören, soll hier ein kurzes Beispiel angeführt werden. In ihnen spielt meist Kweku Ananse ("Kweku" heißen alle an einem Mitwoch geborenen männlichen Kinder; "Ananse" ist: Spinne), ein schlaues und verschlagenes Wesen, die Hauptrolle. Hier die Geschichte: Ein Leopard, der auf der Suche nach Beute in eine Grube gefallen ist, kann durch die Hilfe einer Ratte wieder hinausklettern. Denn die Ratte befestigt einen Strick an einem Baum und wirft das andere Ende in die Grube. Anstatt dankbar zu sein, überlegt der Leopard, die Ratte zu töten, damit niemand erfährt, daß er die Hilfe eines so viel Schwächeren benötigte. Während Leopard und Ratte darüber diskutieren, kommt zufällig Kweku Ananse vorbei: Er tut so, als glaube er nicht, was vorgefallen ist, und bringt den Leoparden und die Ratte dazu, das ganze zu wiederholen. Als der erstere wieder in die Grube gesprungen ist, sagt Ananse: Jetzt bleib, wo du bist und lerne dort, "daß man Gutes nicht mit Bösem vergelten soll".[12]

Moralisches Fehlverhalten wird nach der Ethik der Akan von Gott selbst ("Onyame"), den Naturgöttern oder den Geistern der Verstorbenen bestraft, sofern nicht Autoritäten der Gemeinschaft der Lebenden eine Sanktion auferlegen. Ein Amulett oder Talisman kann vor falschen Entscheidungen schützen. Auch können die Geister der Vorfahren als Beschützer angerufen werden. Reue und das Streben, zugefügten Schaden wieder gut zu machen, tragen dazu bei, das Böse wieder aus dem Geist zu vertreiben.

Soweit diese Fallstudie zur Akan-Ethik. Auch wenn man berücksichtigt, daß die Begründung der Moral hier nicht religiös ist, so zeigt sich doch, daß das praktische moralische Verhalten vielfach mit religiösen Vorstellungen und religiösen Gebräuchen verbunden ist. Diese können deshalb einen Ansatzpunkt bilden für die moralische Erziehung. Inhaltlich steht im Mittelpunkt der Gemeinschaftssinn, das Gemeinwohl und die gegenseitige Hilfe. Die Tugenden, die dazu gehören, haben

---

12 Ackah (1988), S. 62.

traditionell die Sozialstrukturen bestimmt. Das deutlichste Beispiel ist die "extended family". Wenn diese Sozialstrukturen im Zuge der Modernisierung aufgelöst werden, verlieren die zugehörigen moralischen Werte nicht ohne weiteres ihre Gültigkeit. Hier entsteht erneut die Frage, ob und auf welchen Wegen sie auf der Grundlage veränderter Verhältnisse zu neuen Verhaltensmustern führen können.

Rein theoretisch ist hierüber wenig auszumachen. Die Beibehaltung der Verhaltensformen der "extended family" hat in vielen afrikanischen Staaten nach der Unabhängigkeit zu schlimmen Beispielen von "Vetternwirtschaft" geführt. Die gegenwärtige Mischung von traditionell afrikanischen und modern westlichen Verhältnissen enthält ebensosehr positive wie negative Möglichkeiten. Die traditionellen Tugenden müßten unter den Bedingungen des Modernisierungsprozesses das Verhalten auf neue Weise bestimmen. Wie das konkret auszusehen hat, kann sich nur in der Praxis erweisen. Es wäre ein würdiges Erbe an den von Danquah entwickelten Perspektiven, wenn diese Praxis letztendlich auf die weltweiten Probleme ausgerichtet ist. Darin erfüllte sich dann die Einbindung der Moral in das Schicksal.

### 3. Das Leben als Kunstwerk in Schleiermachers frühen ethischen Auffassungen

Wenn man Referenzpunkte im europäischen Denken sucht für den weitgehenden Zusammenhang von Ästhetik und Moral, wie er in der afrikanischen Philosophie besteht, wird man nicht zu eindeutigen Ergebnissen kommen. Am weitesten entfernt vom afrikanischen Denken scheint die Kantische Ethik zu sein. Die Selbstbestimmung des vernünftigen Willens, die sich frei hält von jeder Natürlichkeit der Neigungen, findet in den beschriebenen Denkzusammenhängen der Igbo und der Akan oder anderer afrikanischer Völker kaum ein Äquivalent. Denn das Ethische wird im afrikanischen Denken gerade nicht herausgelöst aus dem religiösen oder pädagogischen Bereich. Kants Vorlesungen über *Anthropologie in pragmatischer Hinsicht* bieten eher Vergleichbares zur

afrikanischen Sichtweise. Hier wird auch von Charakterbildung gesprochen, von Übung und Nachahmung, die den Menschen zur Moralität
geschickt machen. Gernot Böhme hat von diesen Ansätzen aus eine
Verbindung hergestellt zwischen Ethik und Leiblichkeit.[13]

Auch die Gegenbewegung zur Kantischen Ethik, die in unserem
Jahrhundert als materiale Wertethik von Nicolai Hartmann oder Max
Scheler entwickelt worden ist, führt nicht zu einer Affinität mit afrika-
nischer Philosophie. Bei diesen Autoren gibt es zwar leibgebundene
Gefühle, wie Sympathie oder Liebe, die von hoher ethischer Relevanz
sind, weil sie die Werte vernehmen können, die in einem vom Menschen
unabhängigen Reich der Werte bestehen. Indessen, die kosmologische
Dimension wird ganz anders bestimmt als in der afrikanischen Philoso-
phie.[14] Für diese Philosophie gilt, daß der Mensch, der mitschwingt als
Hörer der Weltenmusik, im Kosmos gerade nicht eine exzeptionelle
Stellung einnimmt als "wertvernehmendes" geistiges Wesen oder wie
auch immer, sondern eine der Entsprechung oder der Gleichartigkeit.
Der Mensch erhebt sich nicht über seine Umwelt, sondern er ist Teil der
kosmischen Kräfte, und diese sind umgekehrt dem Menschen gemäß.
Die Geister eines Waldes oder eines Flusses interagieren mit dem Verhalten der Menschen. Das bedeutet, einerseits wirken sie auf den Menschen ein, und andererseits sind sie Ziel seines Handelns. Zwischen
Mensch und Welt gibt es keinen prinzipiellen Bruch. Ebensowenig ist
die Welt der Geister und der Götter eine andere als die der Menschen.

Daraus kann man schließen, daß die Kantische Tradition der Ethik
keine Anknüpfungspunkte bietet für einen Vergleich mit der afrikanischen Philosophie. Wir werden deshalb nach möglichen Referenzpunkten
in anderen, weniger dominanten Traditionen der ethischen Theoriebildung suchen müssen. Wie man weiß, nennt Schleiermacher seine gesam-

---

13 G. Böhme: *Anthropologie in pragmatischer Hinsicht. Darmstädter
Vorlesungen.* Frankfurt a.M. 1985, S. 113-138.

14 S. M. Scheler: *Die Stellung des Menschen im Kosmos.* Frankfurt a.M.
1928; vgl. auch zum folgenden.

te Kultur- oder Geistesphilosophie eine Ethik. Dieser steht die Naturphilosophie oder Physik gegenüber. Beide suchen dasselbe kosmische und
menschliche Geschehen von entgegengesetzten Ausgangspunkten aus zu
erfassen. Einmal wird die Vernunft als handelnde Instanz angenommen,
die insbesondere durch das Handeln der Menschen die Natur beeinflußt
und zu immer mehr vernunftgemäßen Formen umgestaltet. Das andere
Mal ist es die Natur, die handelt und sich selbst modifiziert, bis sie auch
in den Gestaltungen der Vernunft immer mehr zur Geltung kommt. Vernunft und Natur durchdringen sich wechselseitig in fortschreitender
Weise.

    Dieses Grundkonzept einer aufeinander bezogenen Ethik und Physik
ist aber nun beim frühen Schleiermacher, der mit Friedrich Schlegel und
anderen Romantikern in einem regen Gedankenaustausch steht, mit einer
ästhetischen Weltanschauung eng verbunden. Zugleich bleibt der evolutionistische Aspekt seiner Konzeption stärker im Hintergrund. In den
*Reden über die Religion* (1799)geht es um eine alles umfassende Hand-
lungsinstanz, die auch im menschlichen Handeln wirksam ist und aus der
die Gestaltungen der menschlichen Welt hervorgehen. Die Grundkräfte
des Universums sind das Allgemeine und das Besondere, die auf stets
unterschiedliche Weise zu individuellen Gestalten ineinander gebildet
werden. Diese individuellen Gestalten haben unmittelbar ästhetische
Qualität. "Das größte Kunstwerk ist das, deßen Stoff die Menschheit ist
welches das Universum unmittelbar bildet", sagt Schleiermacher in der
dritten Rede, die sich mit der "Bildung zur Religion" beschäftigt.[15] Das
große Kunstwerk der Menschheit setzt sich fort in jedem individuellen
Menschen, der sein Leben zu einem Kunstwerk zu gestalten sucht. Man
kann es auch umgekehrt sagen: die Menschheit setzt sich zusammen aus
diesen individuellen Handlungsinstanzen. Oder noch anders gesagt: das
Handeln des Universums setzt sich fort über die Zwischeninstanz der
Menschheit bis ins Handeln der einzelnen Menschen.

---

15 F.D.E. Schleiermacher: *Kritische Gesamtausgabe*. Abt. I, Bd 2:
*Schriften aus der Berliner Zeit. 1796-1799.* Hrsg. von G. Meckenstock.
Berlin /New York 1984, S. 264.

In den *Monologen*, die im Jahr 1800 - ein Jahr nach den *Reden* (übrigens ebenfalls anonym) - erschienen sind, werden diese Gedanken weiter präzisiert. Schleiermacher macht hier einen deutlichen Unterschied zwischen dem spezifischen Handeln des Künstlers und seinem eigenen, nicht direkt aufs Ästhetische gerichteten Streben. Zugleich ergibt sich zwischen beiden auch wieder eine wesentliche Übereinstimmung. Das nicht unmittelbar künstlerische Streben des gewöhnlichen Menschen ergreift alles, was der individuellen Bildung dient. In sich selbst sucht er eine Modifikation der Menschheit darzustellen. Der Künstler hingegen schafft äußere Werke, in denen er dieses Streben nach der Einheit von Allgemeinem und Besonderem anschaulich macht. Große Kunstwerke drücken dabei mehr die Menschheit aus, die sich in ihnen individualisiert, als die Absichten des Künstlers. Ebendies ist auch in der individuellen Bildung der Fall, die einerseits den eigenen Stempel des handelnden Menschen trägt, und andererseits vor allem so viel wie möglich von dem unendlichen Gebiet der Menschheit in sich aufnehmen soll. Daraus ergibt sich, daß nicht jeder im engeren Sinn Künstler ist, daß aber doch das menschliche Handeln insgesamt ästhetische Qualität besitzt und im weiteren Sinn alle Menschen Künstler sind.[16]

Diese Verhältnisse lassen sich konkreter beschreiben im Blick auf die Sprache. "Sie ist der reinste Spiegel der Zeit, ein Kunstwerk, worin ihr Geist sich zu erkennen giebt." Sprachbildung dient den Einzelnen, aber mehr noch der Sprache selbst. Der Dichter hingegen ist der Sprachbildner in einem gesteigerten Sinn. Für sich selbst und für die Sprache, in der er schreibt, schafft er neue Möglichkeiten des Ausdrucks. Daran können andere partizipieren, weil auch für sie die Ausdrucksmöglichkeiten erweitert worden sind. Der ethische Imperativ der darin impliziert ist, bedeutet, daß jeder nach seinem Vermögen an der Sprachbildung arbei-

---

16 Schleiermacher: *Kritische Gesamtausgabe.* Abt. I, Bd 3: *Schriften aus der Berliner Zeit. 1800-1802.* Hrsg. von G. Meckenstock. Berlin/New York 1988, S. 19-21; vgl. H. Patsch: *Alle Menschen sind Künstler. Friedrich Schleiermachers poetische Versuche.* Berlin/New York 1986. (Schleiermacher-Archiv. Bd 2.)

ten soll.[17]

Diesen etwas schwebenden Ästhetizismus seiner frühen ethischen Auffassungen hat Schleiermacher später, als er sein *System der Sittenlehre* ausarbeitet, nicht durchgehalten. Die Kunst wird autonomisiert und regionalisiert, das heißt sie erhält einen selbständigen, aber begrenzten Platz innerhalb des Handelns der Vernunft auf die Natur. Sie gehört zur symbolisierenden Funktion der Vernunft und, weil sie mehr vom Gefühl ausgeht als vom begrifflichen Denken, ist sie der Religion näher als der Wissenschaft. Es erinnert indessen erneut ans afrikanische Denken, wenn Musik und Mimik als die unmittelbaren Künste gelten, wobei sich in der letzteren die "Erregung" fortsetzt, die von der ersteren ausgeht. Hier wird die Phantasie nicht an einen bleibenden Ausdruck gebunden. Deshalb ist dies zwar die erste, aber zugleich auch die niedrigste Kunstform. In der Malerei und Poesie ist das Bleibende, Identische demgegenüber relativ stärker anwesend, das "freie Spiel der Vorstellungen" ist mehr vermittelt durch die Art des gebrauchten Materials. Die Wurzel dieser Künste ist die Stimmung, in der das Gefühl eine gewisse Permanenz erhält.[18]

### 4. Zeitdiagnostische Schlußfolgerungen

Wenn ich Anyanwu richtig verstehe, will er sagen, daß die Afrikaner ihr ästhetisches Weltbild aus der traditionellen Lebensweise herübergerettet haben in den Prozeß der Modernisierung, der ihnen auferlegt ist durch die Kolonialmächte und den sie nun auch aus freien Stücken weiterführen. Dieser Prozeß wird von Europa und von den afrikanischen Staaten aus beeinflußt und in gewissen Grenzen gesteuert durch die Entwicklungspolitik. Ein wichtiger Unterschied ist freilich, daß die ästhetische Weltdeutung in der traditionellen Lebensweise zu einer funk-

---

17 S. Schleiermacher (1800-1802), S. 37.

18 Schleiermacher: *Ästhetik.* Hrsg. von R. Odebrecht. Berlin/Leipzig 1931, S. 29, 43, 49, 52f., 71.

tionierenden Gesellschaft gehörte, von der wir wissen, daß darin hohe
moralische Standards in Geltung waren. Demgegenüber herrschen heute
in den großen Städten, wo der Modernisierungsprozeß am weitesten
fortgeschritten ist, rauhe Sitten. Die Kriminaliteit ist erschreckend hoch;
gerade auch in Lagos, wo Anyanwu doziert, sind Beraubungen und
Betrügereien an der Tagesordnung. Besonders viele junge Menschen, die
aus dem traditionellen Lebenszusammenhang heraustreten und in der
Stadt leben wollen, wirken entwurzelt und moralisch ohne festen Halt.
Ist in dieser Situation eine Rückanknüpfung an traditionelle Werte überhaupt noch möglich? Wäre nicht eine ganz neue, auf die politische
Ökonomie westlichen Stils, die der Motor des Entwicklung sein soll,
bezogene Ethik notwendig? Oder wäre es ein Weg, beides zu kombinie-
ren: von den traditionellen Werten aus an der politisch-ökonomischen
Entwicklung arbeiten. Das letztere entspricht jedenfalls den eigenen Vorstellungen vieler Afrikaner. Sie wollen Entwicklung, aber nicht als Ko-
pie des Westens, sondern Entwicklung auf ihre eigene Art.

Welche Rolle kann in diesem Zusammenhang die ästhetische Qualität des moralischen Handelns spielen? Könnte sie helfen, dieses Handeln in den unmittelbaren leibgebundenen Lebensvollzügen zu verankern? Der im afrikanischen Kontext vielfach anzutreffende Impuls,
Werte zu lehren, nicht nur abstrakt, sondern auch indem sie vorgelebt
werden, soll nicht geringgeschätzt werden. Aber die Imperative der
modernen Industriegesellschaft scheinen hierfür wenig Raum zu lassen.
Das Ästhetische als umfassender Rahmen für die Moral wird an den
Rand gedrängt, es erweist sich vorerst als zu wenig robust, um im Modernisierungsprozeß eine maßgebende Rolle zu spielen. Das Motoren-
geräusch der Maschinen, Autos und Flugzeuge übertönt gewissermaßen
den Klang der Weltenmusik, so daß er kaum mehr hörbar zu sein
scheint. Vielleicht kann in einer solchen Lage die Kunst sich als Protest
artikulieren, als Aufschrei gegen ihre Unterdrückung und Marginalisie-
rung. Diese Perspektive scheint indessen aus westlicher Sicht eingegeben
zu sein. Und seit Marcuse wissen wir nur allzugut, daß solcher Protest
von der "fortgeschrittenen Industriegesellschaft" eingekapselt, als Ventil

gebraucht und auf diesen Wegen unschädlich gemacht werden kann.[19]

Das führt uns unmittelbar auf den eigenen Lebenszusammenhang zurück. Die Ästhetisierung des Lebens und der Moral wird zwar in der heutigen westlichen Philosophie heftig diskutiert. Aber die Zusammengehörigkeit von Ästhetik und Moral ist in der europäischen Geschichte immer nur eine Unterströmung gewesen. Daß sie sich maßgeblich im Zusammenhang der Frühromantik artikuliert hat, die ihr gesamtes theoretisches Programm nur in Ansätzen ausarbeiten konnte, scheint nicht zufällig zu sein. Hegel hat die "romantische Kunst" so bestimmt, daß sie ihr Ideal eines harmonischen Lebens nur im Medium der Sehnsucht besitzt. Völlig konsequent hat er dann die Kunst seit den alten Griechen im Blick auf ihre kulturbestimmende Bedeutung als "romantisch" charakterisiert.[20] Das ist freilich eine kunsthistorisch wenig gebräuchliche Periodisierung. Aber sie trifft die Bedeutung der Kunst für die Kultur in der europäischen Geschichte, die man als marginal bezeichnen kann.

Ich habe nicht den Eindruck, daß sich über die Rolle der Kunst in der Gesellschaft mit dem Wiederaufleben des Ästhetizismus im nachmetaphysischen Denken grundsätzlich etwas anderes sagen läßt.[21] Es bleibt schwierig, für die genauere Ausarbeitung der ästhetischen Dimension des Handelns (und seiner Normen) die gebührende Aufmerksamkeit zu finden. Das liegt meines Erachtens daran, daß mit der Betonung der Zusammengehörigkeit von Ästhetik und Moral die Wirksamkeit von Gegenkräften signalisiert wird gegen Industrialisierung und Technisierung als letztlich bestimmende Faktoren des modernen Lebens. Aber gerade deshalb verdient dieser Zusammenhang die Sorge und den Einsatz der Denkenden, wie gering die praktischen Wirkungsmöglichkeiten auch sein

---

19 H. Marcuse: *Der eindimensionale Mensch. Studien zur Ideologie der fortgeschrittenen Industriegesellschaft.* Neuwied/Berlin 1967; s. bes. 11-20.

20 G.W.F. Hegel: *Ästhetik.* Hrsg. von F. Bassenge. Berlin 1985, Bd 1, S. 498-509.

21 G. Gamm/G. Kimmerle (eds): *Ethik und Ästhetik. Nachmetaphysische Perspektiven.* Tübingen 1990.

mögen.

Der Blick auf Afrika kann dabei zu folgenden Fragen Anlaß geben. Zwischen dem, was auf dem Gebiet der Ästhetik im heutigen afrikanischen Denken von fast verlorenen traditionellen Werten weiterwirkt, auf der einen Seite und den vielleicht schon bald wieder überdeckten Perspektiven auf ein Zusammengehören von Ethik und Ästhetik in der westlichen nachmetaphysischen Philosophie auf der anderen Seite könnte eine Solidarität entstehen. Angesichts der Notwendigkeit, die schwachen Kräfte zu stärken, die in diesen Perspektiven am Werk sind, liegt in dieser Solidarität eine strategische Chance, wie wenig aussichtsreich sie in den heutigen konkreten Voraussichten auch sein mag.

Ästhetisierung der Lebenswelt und damit auch der Moral soll dabei nicht bedeuten, daß moralische Maßstäbe aufgeweicht werden. In diesem Zusammenhang muß man sehen: Der moralische Rigorismus, wie er in der westlichen Tradition der Ethik dominant ist, erweist sich nicht als adäquater Weg zur moralischen Wirklichkeit. Er kontrastiert vielmehr gerade auch in der westlichen Welt mit unerwarteten und von seinen eigenen Voraussetzungen aus unerklärlichen Ausbrüchen der Barbarei und der Grausamkeit. Die gelebte Wirklichkeit fällt häufig in eine völlig andere Kategorie als der hohe moralische Anspruch, so daß dieser zur bloßen Fassade gerät. Hier tritt dann ein, was Kant im Blick auf den kategorischen Imperativ als Gefahr signalisiert: die sogenannte Dialektik der Ausnahme. Der absolute moralische Anspruch des Handelns aus bloßer Selbstbestimmung des vernünftigen Willens wird zwar anerkannt, aber im eigenen Fall gibt es besondere Bedingungen, warum er nicht in voller Strenge zur Geltung kommen kann.

Angesichts dieser Dialektik ist es nicht die Frage, ob die moralischen Maßstäbe durch die Einbeziehung der ästhetischen Dimension in die Handlungsbegründung aufgeweicht werden, sondern wie diese Maßstäbe mit der Wirklichkeit des Lebens vermittelt werden. Unter dieser Fragestellung hat bereits Schiller das Ästhetische gegen den Kantischen Rigorismus ins Spiel gebracht. Die frühen Romantiker sind ihm in dieser Hinsicht gefolgt. Die Einzelheiten der Geschichte des

Verhältnisses von Ethik und Ästhetik lasse ich hier beiseite. Die Verweigerung der Verknüpfung von beiden vermag in der philosophischen Diskussion weiterhin als überlegene Instanz aufzutreten. Das Ästhetische wird regionalisiert und domestiziert, damit, wie es heißt, die ethische Begründung des Handelns in ihrer Strenge rein erhalten wird. Ich verfüge nicht über eine utopische Aussicht, nach der sich dies ändern wird. Die denkende Vorbereitung einer solchen Veränderung ist indessen als Aufgabe gestellt. Die Beschäftigung mit Afrika kann zeigen, daß es nicht nur eine zusätzliche Chance zur Lösung der Probleme bedeutet, wenn diese Aufgabe im Kontext einer interkulturellen Philosophie angegangen wird. Jedenfalls kann das Arsenal möglicher Lösungsvorschläge erweitert werden. Das ist aber nicht alles. Indem sich Unterschiede und Gemeinsamkeiten herauskristallisieren, spielt sich noch etwas Weitergehendes ab. Ein neues Wir entsteht - eine Station auf dem Weg, planetarisch zu denken, das heißt, die konkrete Allgemeinheit der hier und heute lebenden Menschheit als Problemhorizont des Denkens vorauszusetzen.

# Nachweise

Die "Allgemeine Einleitung" wird *in diesem Band* zum erstenmal veröffentlicht.

Der gesamte Text von "Supplement 1": *Senegal und Mali* ist eine Erstveröffentlichung *in diesem Band*. Der Abschnitt "Philosophische Probleme": *Afrikanische Moslems, Marabuts, Weisheitslehrer* wurde bereits veröffentlicht in *Zeitschrift für Afrikastudien* Nr. 15/16 (1992), S. 63-72.

Supplement 2: *Afrika in Amerika* wurde zuerst in *Zeitschrift für Afrikastudien* Nr. 19/20 (1993), S. 52-72 veröffentlicht.

Supplement 3: *Der Mann mit dem Fahrrad* wird *in diesem Band* zuerst in deutscher Fassung veröffentlicht. Eine niederländische Fassung erschien in *rekenschap. humanistisch tijdschrift voor wetenschap en cultuur* 40 (1993), S. 249-252.

Verallgemeinerungsschritt 1: *Hegel und Afrika* wurde zuerst in *Hegel-Studien* 28 (1993), S. 303-325 veröffentlicht.

Verallgemeinerungsschritt 2: *"Interkulturalität" und das Ende der "Epoche Rousseaus"* ist eine Erstveröffentlichung *in diesem Band*.

Verallgemeinerungsschritt 3: *Universale Erkenntnis a posteriori* wurde zuerst in D. Claessens/R. Mackensen (eds): *Universalism today*. Berlin 1992 (Soziologische Forschungen 19), S. 68-75 veröffentlicht.

Von den "Zwischenbetrachtungen" wird *1. Nicht-Afrikaner über afrikanische Philosophie* in deutscher Fassung zuerst *in diesem Band* veröffentlicht. Eine englische Fassung erschien in *Quest. Philosophical Discussions. An International African Journal of Philosophy* 6 (1992) Nr. 1, S. 69-77. *2. Philosophischer Dialog und finanzielle Hilfe* ist eine Erstveröffentlichung *in diesem Band*.

Der Beitrag "Zum Fortgang des Dialogs" über *Ästhetik und Moral in der afrikanischen und in der westlichen Philosophie* wird *in diesem Band* zuerst veröffentlicht.

# Literaturverzeichnis

Abimbola, W. (ed.): *Sixteen great poems of Ifa*. UNESCO-Veröffentli-
chung, ohne Ort (Paris) 1975.

Achebe, Ch.: *Things fall apart*. London 1958.

Ackah, C.A.: *Akan ethics*. Accra 1988.

Adorno, W.: *Negative Dialektik*. Frankfurt a.M. 1982. 3. Aufl.

Althusser, L.: *Widerspruch und Überdeterminierung*. In: Für Marx.
Frankfurt a.M. 1968, S. 52-99.

Anyanwu, K.C.: *The idea of art in African thought*. In: Contemporary
philosophy. Hrsg. von G. Floistad. Bd 5: African philosophy. Dor-
drecht/Boston/Lancaster 1987, S. 235-260.

Appiah, K.A.: *In my father's house. Africa in the philosophy of culture*.
London 1992.

Asante, M.K.: *Afrocentricity. The theory of sociale change*. Buffalo
1980.

-: *The afrocentric idea*. Philadelphia 1987.

Ayoade, J.A.A.: *Time in Yoruba thought*. In: K.W. Wright (ed.), African
philosophy. An introduction. Washington 1979. 2. Aufl., S. 71-89.

Azombo-Menda, S./Enobo-Kosso, M. (eds):. *Les philosophes africaines
par les textes*. Dakar 1978.

Bâ, A.H.: *Vie et enseignement de Tierno Bokar. Le sage de Bandiagara*.
Paris 1980.

Bernal, M.: *Black Athena*. Bd 1: *The fabrication of ancient Greece*.
London 1987.

Bianchi, P.: *Ethik und Ästhetik des Fremden, Anderen, Diversen und
Parallelen*. In: Kunstforum international 122 (1992), S. 83-115.

Böhme, G.: *Anthropologie in pragmatischer Hinsicht. Darmstädter
Vorlesungen*. Frankfurt a.M. 1985.

Brotz, H. (ed.): *African American social and political thought. 1850-
1920*. New Brunswick (NJ) 1992.

Bruce, J.: *Reisen zur Entdeckung der Quellen des Nils*. Übers. J.J. Volk-
hausen. Hrsg. von J.F. Blumenbach. Leipzig 1791. 5 Bde.

Brunold, G.: "Stammesprobleme?" Afrikanische Marginalien zur Geschichte gescheiterter Autoritarismen. In: Merkur 47, H. 7 (1993) Nr. 532, S. 632-638.

Celan, P.: Gedichten. Keuze uit zijn werk. Zweisprachige (deutsch-niederländische) Ausgabe. Baarn 1988.

Clastres, P.: La société contre l'État. Paris 1974.

Condé, M.: Ségou. Paris 1984. 2 Bde.

Cohen, R./Goulbourne, H. (eds): Democracy and socialism in Africa. Boulder/San Francisco/Oxford 1991.

d'Alembert, J.L.R. s. Diderot/d'Alembert

Danquah, J.B.: The Akan doctrine of God. London 1986, 2. Aufl.

Derrida, J.: De la grammatologie. Paris 1967. (Grammatologie. Übers. H.J. Rheinberger /H. Zischler. Frankfurt a.M. 1974.)

-: Marges. De la philosophie. Paris 1972.

-: Glas. Paris 1974.

-: Du droit à la philosophie. Paris 1990.

-: L'autre cap. Paris 1991.

Dia, M.: Islam, sociétés africaines et culture industrielle. Dakar 1975.

Diagne, S.B. (ed.): Episteme. Revue sénégalaise d'histoire, sociologie, philosophie des sciences et techniques 1 (1990) ff.

Diderot, D./d'Alembert, J.L.R. (eds): Encyclopédie ou dictionnaire raisonné des sciences, des arts et des métiers. Paris 1751-72.

Dieterlen, G. s. Griaule/Dieterlen

Diop, Ch.A.: Afrika- Mutter und Modell der europäischen Zivilisation? Hrsg. von L. Harding/B. Reiwald. Berlin 1990.

Du Bois, W.E.B.: Souls of black folks. New York/Toronto/London/Sydney/Auckland 1989. (1. Aufl. 1903)

Ducourdray, E.: El Hadj Omar. Le prophète armé. Libreville/Dakar/Abidjan/Lomé 1983.

Erny, P.: La perception de l'espace et du temps dans l'Afrique noire traditionelle. In: Revue de psychologie des peuples, 25, 1970, S. 67-77.

Ersch, J.S.: Literatur der Geschichte und deren Hülfswissenschaften seit *der Mitte des 18. Jahrhunderts bis auf die neueste Zeit.* Leipzig 1827.

Evans Prichard, E.E. s. Fortes/Evans Pritchard

Fabian, J.: *Time and the other. How anthropology makes its object.* New York 1983.

Figl, A.: *Immanuel Kant und die wissenschaftliche Weihe des Rassismus.* In: Zeitschrift für Afrikastudien Nr. 13/14 (1992) , S. 9-28.

Firla-Forkl, M.: *Philosophie und Ethnographie. Kants Verhältnis zu Kultur und Geschichte Afrikas.* Vortrag auf dem XXV. Deutschen Orientalistentag zu München 1991.

Fortes,M./Evans Pritchard, E.E.: *African political systems.* Oxford 1940.

Fourche, J.A.T./Morlichem, N. (eds): *Une Bible Noire.* Brüssel 1973.

Frey, Ch.A.: *A black philosophical reader.* Lanham (MD) 1980.

Frobenius, L.: *Kulturgeschichte Afrikas.* Zürich 1933.

Gadamer, H.-G.: *Gesammelte Werke.* Bd 2: *Hermeneutik II. Wahrheit und Methode. Ergänzungen, Register.* Tübingen 1986.

Gamm, G./Kimmerle, G. (eds): *Ethik und Ästhetik. Nachmetaphysische Perspektiven.* Tübingen 1990.

Gbadegesin, S.: *African philosophy. Traditional Yoruba philosophy and contemporary African realities.* New York/San Francisco/Bern/Frankfurt a.M./Paris/London 1991.

Goulbourne, H. s. Cohen/Goulbourne

Griaule, M.: *Dieu d'eau. Entretiens avec Ogotemmêli.* Hrsg. von G. Calame-Griaule. Paris 1975.

Griaule,M./Dieterlen,G.: *Le renard pâle.* Paris 1965.

Gyekye,K.: *An essay on African philosophical thought. The Akan conceptual scheme.* Cambridge 1987.

Haan, H. s. Schierbeek/Sy/Haan

Habermas, J.: *Theorie des kommunikativen Handelns.* Frankfurt a.M. 1981. 2 Bde.

Haley, A.: *Roots.* New York 1976.

Hallen, B./Sodipo, J.O.: *Knowledge, belief and witchcraft. Analytic experiments in African philosophy.* London 1986.

Hegel, G.W.F.: *Werke.* Herausgegeben von einem Verein der Freunde des Verewigten. Bd 9: *Vorlesungen über die Philosophie der Ge-schichte.* Hrsg. von K. Hegel. Berlin 1840. 2. Aufl.

-: *Vorlesungen über die Philosophie der Geschichte.* Hrsg. von. F. Brunstäd. Leipzig 1907.

-: *Sämtliche Werke.* Hrsg. von H. Glockner. Bd 11: *Vorlesungen über die Philosophie der Geschichte.* Stuttgart 1928.

-: *Vorlesungen über die Philosophie der Weltgeschichte.* Bd: 1: *Die Vernunft in der Geschichte.* Hrsg. von J. Hoffmeister. Hamburg 1955. 5. Aufl. (Hrsg. von G. lasson. Leipzig 1917. 1. Aufl.) Bd 2: *Die orientalische Welt.* Hrsg. von G. Lasson. Hamburg 1976. (Nachdruck der 2. Aufl. von 1923)

-: *Enzyklopädie der philosophischen Wissenschaften im Grundrisse. 1830.* Hrsg. von F. Nicolin/O. Pöggeler. Hamburg 1959. 6. Aufl.

-: *Wissenschaft der Logik.* Hrsg. von G. Lasson. Hamburg 1963. (Nachdruck der 2. Aufl. von 1934) 2 Bde.

-: *Vorlesungen über die Philosophie der Religion.* Hrsg. von. G. Lasson. Hamburg 1966. (Nachdruck der 1. Aufl. von 1925)

-: *Grundlinien der Philosophie des Rechts.* Hrsg. von J. Hoffmeister. Hamburg 1967. 4. Aufl.

-: *Werke in zwanzig Bänden.* Bd 11: *Berliner Schriften. 1818-1831.* Bd 12: *Vorlesungen über die Philosophie der Geschichte.* Hrsg. von E. Moldenhauer/K.M. Michel. Frankfurt 1970.

-: *Philosophie des Rechts.* Hrsg. von D. Henrich. Frankfurt a.M. 1983.

-: *Vorlesungen über Naturrecht und Staatswissenschaft.* Hrsg. von C. Becker u.a. Hamburg 1983.

-: *Ästhetik.* Hrsg. von F. Bassenge. Berlin 1985.

-: *Phänomenologie des Geistes.* Hrsg. von H.F. Wessels/H. Clairmont. Hamburg 1988.

Heidegger, M.: *Sein und Zeit.* Tübingen 1953. 5. Aufl.

-: *Schöpferische Landschaft. Warum bleiben wir in der Provinz?* In: Denkerfahrungen. Frankfurt a.M. 1983, S. 9-13.

Henscheid, E.: *Der Negerl.* München 1982.

Herodotus: *Historiarum libri IX.* Paris 1592.

Hespe, F.: *Hegels Vorlesungen zur 'Philosophie der Weltgeschichte'*. In: Hegel-Studien, 26, 1992, S. 85-87.

Horton, R.: *African traditional thought and Western science*. In: B.R. Wilson (ed.), Rationality. Oxford 1974, S. 131-171.

-: *Tradition and modernity revisited*. In: M. Hollis/St. Lukes (eds), Rationality and relativism. Oxford 1982, S. 201-260.

Hountondji, P.J. u.a.: *Teaching and research in philosophy: Africa*. Paris (UNESCO) 1984.

Irele, F.A.: *In praise of alienation. An inaugural lecture*. Ibadan 1982. (In gekürzter Fassung auch in: V.Y. Mudimbe (ed.), The surreptitious speech (s. dort), S. 201-224.)

James, G.G.M.: *Stolen legacy. The Greeks were not the authors of Greece philosophy, but the people of North Africa commonly called the Egypts*. New York 1954.

Kagame, A.: *Sprache und Sein. Die Ontologie der Bantu Zentralafrikas*. Brazzaville/Heidelberg 1985.

Kamalu, Ch.: *Foundations of African thought. A worldview grounded in the African heritage of religion, philosophy, science and art*. London 1990.

Kanouté, B.: *Les déchireurs de sang. Poèmes*. O.O. und o.J. (Bamako 1987)

Keita, L.: *Two philosophies of African history: Hegel and Diop*. (Présence Africaine. 91) Paris 1974.

Kimmerle, G. s. Gamm/Kimmerle

Kimmerle, H.: *Philosophie in Afrika - afrikanische Philosophie. Annäherung an einen interkulturellen Philosophiebegriff*. Frankfurt a.M. 1991.

[Rezensionen: Bianchi, P.: *Kunst und Philosophie als Gegeninstanzen zum Entwicklungsdenken*. In: Kunstforum international, s. bes. S. 90/91; Dannemann, R.: *Auf dem Weg zu einer interkulturellen Philosophie*. In: Neue Gesellschaft/Frankfurter Hefte 5 (1992), S. 669/70; Groot, G. in: Streven, Februar 1992, S. 464; Habermeyer, W. in: Widerspruch. Münchner Zeitschrift für Philosophie 11 (1991) Nr. 21, S.

194

89-92; Hoffmann, G.R.: *Annäherungen an einen interkulturellen Philosophiebegriff.* In: Neues Deutschland, 21.2.1992, S. 10; Ders. in: Quest. Philosophical Discussions 6, Nr. 1 (1992), S. 78-83; Nauta, L. in: Algemeen Nederlands Tijdschrift voor Wijsbegeerte 85 (1993), S. 194-198; Neugebauer, Ch. in: Zeitschrift für Afrikastudien (1991) Nr. 11/12, S. 111-114; Schlette, H.R. in: Orientierung, 56, 1992, S. 57; Struyker Boudier, C.E.M. in: Tijdschrift voor Filosofie, 54, 1992, S. 62/63; Zurbuchen, S.: *Afrikanische Philosophie. Heinz Kimmerles Konzept einer interkulturellen Philosophie.* In: Neue Zürcher Zeitung, 15.5.1992, S. 61.]

-: *Non-Africans on African philosophy. Steps to a difficult dialogue.* In: Quest. Philosophical Discussions 6, Nr. 1 (1992), S. 69-77.

-: *Derrida zur Einführung.* Hamburg 1992. 3. Aufl.

-: *Art and philosophy in the development of Subsaharan Africa.* In: International Sociology, 7, Nr. 2, 1992, S. 173-186.

-: (Rezension von) K.A. Appiah *In my father's house.* London 1992. In: rekenschap. humanistisch tijdschrift voor wetenschap en cultuur 40 (1993), S. 249-252

Ki-Zerbo, J. (ed.): *La natte des autres. Pour un développement endogène en Afrique.* Paris 1992.

Koloß, H.J.: *Feyin und die Lehre vom Keyus. Zum religiösen Weltbild der Oku (Kameruner Grasland).* In: Baessler-Archiv. Neue Folge 35 (1987/88), S. 383-453.

Leiris, M.: *Phantom Afrika. Tagebuch einer Expedition von Dakar nach Djibouti. 1931-1933.* Frankfurt a.M. 1980. 2 Bde.

Lemaire, T.: *Twijfel aan Europa. Zijn de intellectuelen de vijanden van de Europese cultuur?* Baarn 1990.

Lyotard, J.-F.: *L'inhumain. Causerie sur le temps.* Paris 1988. (Niederl. Übers. *Het onmenselijke* von F. van Peperstraten/H. van der Waal. Kampen 1992.)

MacGaffey, W.: *The personhood of ritual objects.* In: Entnofor 3, Nr. 1 (1990).

Marcuse, H.: *Der eindimensionale Mensch. Studien zur Ideologie der fortgeschrittenen Industriegesellschaft.* Neuwied/Berlin 1967

Masolo, D.A.: *History and the modernization of African philosophy. A reading of Kwasi Wiredu.* In: Nagl-Docekal/Wimmer (s. dort), S. 65-100.

Middleton, J./Tait, D.: *Tribes without rulers.* London 1958.

Mitzlaff, U. von: *Maasai-Frauen. Leben in einer patriarchalischen Gesellschaft. Feldforschung bei den Parakuyo, Tansania.* München 1988.

Monteil, V.: *Islam Noir.* Paris 1964.

Moreau, R.L.: *Africains Musulmans. Des communautés en mouvement.* Paris/Abidjan 1982.

Morlichem, N. s. Fourche/Morlichem

Mudimbe, V.Y.: *The invention of Africa. Gnosis, philosophy, and the order of knowledge.* Bloomington/Indianapolis 1988.

- (ed.): *SAPINA Newsletter. A Bulletin of the Society for African Philosophy in North America.* (1988) ff.

-: *Parables and fables. Exegesis, textability, and politics in Central Africa.* Madison (Wisc.)/London 1991.

- (ed.): *The surreptitious speech. 'Présence Africaine' and the politics of otherness. 1947-1987.* Chicago/London 1992.

-: *The power of the Greek paradigm.* In: The South Atlantic Quarterly, 92, Nr. 2, 1993, S. 361-385.

Nagl-Docekal, H./Wimmer, F.M. (eds): *Postkoloniales Philosophieren: Afrika.* Wien/München 1992

Nauta, L.: *De factor van de kleine c. Essays over culturele armoede en politieke cultuur.* Amsterdam 1987.

Neugebauer, Ch.:. *Einführung in die afrikanische Philosophie.* (Afrikanische Hochschulschriften) München/Kinshasa/Libreville 1989.

Ngugi wa Thiong'o: *Auf dem Weg zu einer nationalen Kultur.* In: R. Jestel (ed.), Das Afrika der Afrikaner. Gesellschaft und Kultur Afrikas. Frankfurt a.M. 1982, S. 260-282.

N'Sougan Agblémagnon, F.: *Du 'temps' dans la culture 'Ewe'.* In: Présence Africaine. Bd 14/15. Paris 1957, S. 222-232.

Ntumba, M.T.: *Afrikanische Weisheit. Das dialektische Primat des Wir vor dem Ich-Du.* In: W. Oelmüller (ed.), Philosophie und Weisheit. Paderborn/München/Zürich 1988, S. 24-58.

Obenga, Th.: *Afrique Noire et monde méditerranéen dans l'Antiquité.* Dakar 1976.

Odera Oruka, H.: *Sage philosophy. Indigenous thinkers and modern debate on African philosophy.* Leiden/New York/Kobenhavn/Köln 1990.

Okolo, Ch. B.: *African social and political thought. Selected essays.* Nsukka 1993

Oladipo, O.T.: *An African concept of reality. A philosophical analysis.* Diss. phil. Ibadan 1988.

Olela, H.: *From ancient Africa to ancient Greece. An introduction to the history of philosophy.* Atlanta (GA) 1981.

Outlaw, L.: *Deconstructive and reconstructive challenges in African philosophy.* In: G. Floistad (ed.), Contemporary philosophy. A new survey. Bd 5: African philosophy. Dordrecht/Boston/Lancaster 1987, S. 9-44.

-: *Against the grain of modernity. The politics of difference and the conservation of 'race'.* In: Man and World, 25, 1992, S. 443-468.

-: *African, American, Africana philosophy.* In: The Philosophical Forum 24, Nr. 1-3 (1992/93) (Titel s. Wiredu), S. 63-93.

Passmore, J.: *Man's responsibility for nature.* London 1980. 2. Aufl.

Ritter, K.: *Die Erdkunde im Verhältnis zur Natur und zur Geschichte des Menschen.* Berlin 1817/18. 2 Bde.

Scheler, M.: *Die Stellung des Menschen im Kosmos.* Frankfurt a.M. 1928.

Schierbeek, B./Sy, M.Ou./Haan, H.: *Tellem. Verkenning van een oude afrikaanse cultuur.* Zeist/Antwerpen 1965.

Schipper, M.: *Source of alle evil. African proverbs and sayings on women.* London 1991.

Schleiermacher, F.D.E.: *Ästhetik.* Hrsg. von R. Odebrecht. Berlin/Leipzig 1931.

-: *Über die Religion. Reden an die Gebildeten unter ihren Verächtern.*

In: Kritische Gesamtausgabe. Abt. I, Bd 2: Berliner Schriften. 1796-1799. Hrsg. von G. Meckenstock. Berlin/New York 1984, S. 185-326.

-: *Monologen. Eine Neujahrsgabe.* In: Kritische Gesamtausgabe. Abt. I, Bd 3: Berliner Schriften. 1800-1802. Hrsg. von G. Meckenstock. Berlin/New York 1988, S. 1-61.

Seelmann, H.N.: *Hegels Philosophie der Weltgeschichte von 1822/23.* In: Hegel-Studien 26 (1992), S.87-89.

Sodipo, J.O. s. Hallen/Sodipo

Sumner, C.: *The source of African philosophy. The Ethiopian philosophy of man.* Stuttgart 1986.

Sutter, A.: *Kant und die Wilden.* In: Prima Philosophia 2 (1989).

Sy, M.Ou. s. Schierbeek/Sy/Haan

Tait, D. s. Middleton/Tait

Tempels, P.: *Bantu Philosophie. Ontologie und Ethik.* Heidelberg 1956.

Thompson, R.F.: *Flash of the spirit. African and Afro-american art and philosophy.* New York 1983

Trimingham, J.S.: *The influence of Islam upon Africa.* Beirut 1968.

Vetsch, F.: *Martin Heideggers Angang der interkulturellen Auseinandersetzung.* Würzburg 1992.

Volker, G.: *Mestizenkultur. Lateinamerikas Identität im Spiegel seines zeitgenössischen Denkens.* In: Merkur. Deutsche Zeitschrift für europäisches Denken 47, H. 3 (1993) Nr. 528, S. 218-230.

Wimmer, F.M.: *Rassismus und Kulturphilosophie.* In: G. Heiß u.a. (eds), Willfährige Wissenschaft. Die Universität Wien 1938-1945. Wien 1989, S. 89-114.

Wimmer, F.M. s. Nagl-Docekal/Wimmer

Wiredu, K.: *Philosophy and an African culture.* Cambridge 1980.

-: *On defining African philosophy.* In: Nagl-Docekal/Wimmer (s. dort), S. 40-64.

-: *Formulating modern thought in African languages. Some theoretical considerations.* In: V.Y. Mudimbe (ed.), The surreptitious speech (s. dort), S. 301-332.

-: *African philosophical tradition. A case study of the Akan.* In: The

198

Philosophical Forum 34, Nr. 1-3 (1992/93). Special Triple Issue: African American perspectives and philosophical traditions, S. 35-62.
Yai, O.B. (Rezension von) A. Wardwell (ed.) *Yoruba. Nine centuries of African art and thought.* New York 1989. In: African Arts 25, Nr 1 (1992), S. 20-29.